Georg Wiarda

Der Hamburger Michel

Geschichte und Geschichten

Die vergoldeten Reliefplatten auf den Seiten
des Altarraums stellen die wichtigen
Stationen im Leben eines Christen
anhand biblischer Szenen dar.
(Abb. Seiten 2, 4, 6, 8)

Diese vergoldete Reliefplatte im Altarraum symbolisiert mit
der Kindersegnung „Lasst die Kinder zu mir kommen" (nach
Matthäus 19, 13-15) die Taufe

Bildnachweis	Seite
Alert, Rudolf	2, 4, 6-8, 10-17, 32, 60-63, 82-85, 87, 92-99, 104, 106-109, 112-114, 117-119, 120-122, 134-136, 151
Andres, Erich	65, 70, 72, 74, 75
Breuer, Hans	66
Gustav-Mahler-Gesellschaft	146
Hamburgisches Staatsarchiv	21, 137, 139
Harder, Horst	100
Koppmann	44-47
Kuhnigk, Klaus	40
Langenstrassen, Wolfgang	111
Museum für Hamburgische Geschichte	35 (oben)
Petersen, Karl-Heinz	48, 49
Reich, Otto	51, 54-57
Schwieger, Lothar	88
Schwinge, Kurt	69, 70
Vogel, Heinrich	103
Zapf, Michael	19 (unten, links)
Alle anderen	Archiv Michaelitica oder St. Michaelis

Umschlagfoto:
Luftbild: Rudolf Alert

1. Auflage 2001
Der Hamburger Michel
ISBN 3-00-008768-0

2. Auflage 2011
Der Hamburger Michel
ISBN 978-3-00-034888-4

Konzept und Texte:
Georg Wiarda
E-mail: g.wiarda@st-michaelis.de

Gestaltung und Ausführung:
CityOffice.Inc

Herausgeber:

**MICHAELITICA AN ST. MICHAELIS
ZU HAMBURG e. V.**

Englische Planke 1
20459 Hamburg

e-mail: michaelitica@st-michaelis.de
www.michaelitica.org

Diese vergoldete Reliefplatte im Altarraum symbolisiert mit der
„Ausgießung des Heiligen Geistes" die Konfirmation

Inhalt

Diese vergoldete Reliefplatte im Altarraum erinnert mit der
„Hochzeit zu Kana" an die Trauung

Vorwort

Seit mehreren Jahren habe ich in unregelmäßigen Abständen im Gemeindebrief von St. Michaelis über die Geschichte der Gemeinde und Begebenheiten, die sich in der Kirche oder ihrem Umfeld zugetragen haben, berichtet: z.B. dass der Soldatenkönig Friedrich Wilhelm I. von Preußen eine bedeutende Rolle bei einer Hauptpastorenwahl am Michel gespielt hat, dass Kaiser Karl VI. den Bürgermeister in Begleitung von zwei Senatoren und zwei Oberalten wegen eines Vorfalls, der sich nach einem Gottesdienst zugetragen hat, zur Abbitte nach Wien zitiert hat, dass die Menge das Haus von Königin Christine von Schweden am Michel bei einem von ihr veranstalteten Fest stürmte und die Königin ihr Leben nur durch die Flucht durch die Gassen der Neustadt retten konnte usw.

Ich wurde immer öfter von Gemeindemitgliedern gefragt, ob es nicht möglich sei, eine Sammlung dieser Berichte anzubieten. Als ich meinem Freund Wolfgang Müller davon erzählte, machte er mir Mut, das in die Tat umzusetzen. Er legte mir Entwürfe für das Layout vor, kümmerte sich um alle technischen Voraussetzungen und machte das Vorhaben schließlich geradezu zu seiner eigenen Sache. Aus der ursprünglich vorgesehenen Broschüre war ein kleines Buch geworden. Die Auswahl der Geschichten hat sich dabei eher zufällig ergeben. Es gäbe sicher noch viel mehr zu erzählen, z. B. über die Musik und die berühmten Musiker, die am Michel gewirkt haben, wie Thomas Selle, Georg Philipp Telemann und Carl Philipp Emanuel Bach. All das würde aber den Rahmen dieses Buches sprengen. So bitte ich um Nachsicht, dass vieles unerwähnt geblieben ist.

Ende 2001 erschien die erste Auflage, damals noch alles in schwarz/weiß, die inzwischen vergriffen ist. Jetzt wurde ich gebeten, eine Neuauflage des Buches herauszubringen. Nun liegt das Ergebnis vor. Das ursprüngliche Büchlein wurde durch einige Beiträge ergänzt, hat vor allem aber zahlreiche farbige Abbildungen erhalten.

Meinem lieben Freund ein herzliches Dankeschön für seine vielen Mühen und seinen unglaublichen Einsatz. Mein Dank gilt besonders aber auch meiner lieben Frau, die fleißig Korrektur gelesen hat, für ihre Hilfe und ihr großes Verständnis. Schließlich möchte ich auch Heike Schröder, der Sekretärin der Stiftung St. Michaelis, herzlich danken, die mir auch hier, wie immer seit vielen Jahren, wieder hilfreich beiseite gestanden hat.

Hamburg, im August 2011

Georg Wiarda

Diese vergoldete Reliefplatte im Altarraum erinnert mit der „Auferweckung des Jünglings zu Nain" an den Tod und die Auferstehung

Grußwort Hauptpastor Röder

Es sind Menschen, die Geschichte und Geschichten geschrieben haben, seit in der Neustadt Hamburgs der Michel steht.

Menschen haben die gut 400 Jahre alte wechselvolle Geschichte dieser Gemeinde geprägt, die nach der Reformation Gestalt gewann, deren Kirchbauten mehrfach zerstört und wieder aufgebaut wurden und deren Kirchturm das Wahrzeichen Hamburgs ist.

Geschichten von Pastoren, von Kirchenmusikern, von Baumeistern und den Menschen in der Neustadt – Staunenswertes, Lustiges, Trauriges und Skurriles – davon erzählt Georg Wiarda in diesem Buch.

Georg Wiarda ist ein „Kind des Michels" – hier aufgewachsen und geprägt vom Leben dieser Gemeinde und erfüllt von großer Liebe zu dieser Kirche und ihrer Geschichte.

Es ist eine sehr schöne Sammlung von Geschichten über und um den Michel, die nun in einer neuen und überarbeiteten Auflage vorliegt.

Georg Wiarda sei sehr herzlich gedankt für seine sorgfältigen Recherchen und Forschungen, durch die die Vergangenheit des Michels lebendig in unsere Gegenwart hinein spricht.

Ich wünsche diesem Buch viele interessierte Leser.

Hauptpastor
Alexander Röder
im März 2011

Der Erzengel Michael über dem Hauptportal, der im Zeichen des Kreuzes das in Gestalt des Satans verkörperte böse Element besiegt. Links kauert eine besorgte Mutter, die ihre Kinder beschützt. Rechts ein Mann, der seinen Sohn zum Kampf gegen das Böse anspornt. Unterhalb des Schlusssteins ein Relief mit der Darstellung von Adam und Eva. (Geschaffen von Prof. August Vogel, Berlin 1908)

Die Glocken auf dem Kirchplatz

Foto Seite 11:
Blick auf die
Innenstadt

Foto Seiten
12 und 13:
Die große Orgel
(links),
die Marcussen-
Orgel auf der
Nordempore
(rechts)

Foto Seiten
14 und 15:
Der Altarraum

sind zwei Uhrschlagglocken aus dem Jahre 1924. Ursprünglich hingen über der Plattform auf dem nach dem Brand im Jahre 1906 wieder aufgebautem Turm 4 Schlagglocken:

1. Die Betglocke
2. Die Vollstundenglocke
3. Die Halbstundenglocke
4. Die Viertelstundenglocke

Im Juli 1917 mussten alle vier Schlagglocken für Kriegszwecke abgegeben werden.
Im November 1924 wurden die Vollstundenglocke und die Viertelstundenglocke durch zwei neue Glocken aus Eisen ersetzt.

Da beide Glocken inzwischen schwere Schäden aufwiesen, wurden in der Glockengießerei Heidelberg zwei neue Glocken aus Bronze gegossen, die am 27. November 1974 über der Turmplattform aufgehängt wurden. Beide Bronzeglocken tragen die gleichen Inschriften wie die ausgedienten Glocken aus Eisen. Auf der großen ist aus dem 90. Psalm zu lesen: *"Unser Leben fährt schnell dahin, als flögen wir davon"* und auf der kleinen: der Vers *"Ewigkeit, in die Zeit leuchte hell hinein"* aus dem Evangelischen Kirchengesangbuch.
Die fehlenden zwei Schlagglocken wurden bis heute nicht ersetzt.

Die Kanzel von Professor Lessing

Alte Nikolai Kirche. 1943 wurde die Kirche im Krieg schwer beschädigt und nicht wieder aufgebaut. Die neue Nikolai Kirche (Foto rechts) wurde in den Jahren 1960 - 1962 errichtet

Die Geschichte der Hamburger Kirche

Die Geschichte Hamburgs begann im 8. Jahrhundert. An der Alster, nicht weit von der Mündung des Flüsschens in die Elbe, entstand die erste Siedlung. Um 831 wurde der Mariendom als Missionskirche für Norddeutschland und Skandinavien errichtet.

Vermutlich Anfang des 11. Jahrhundert entstand St. Petri und bis zur Reformation St. Nikolai (erstmals erwähnt 1195), St. Katharinen (seit Mitte des 13. Jahrhunderts) und St. Jacobi (erstmals erwähnt 1255). Das Domkapitel übte die Kirchenaufsicht über Hamburg und den Sprengel aus, zu dem noch Dithmarschen und die Herzogtümer Stormarn und Holstein gehörten.

1529 wurde in der Freien Reichsstadt Hamburg, die sich fast vollständig dem lutherischen Bekenntnis angeschlossen hatte, eine neue Kirchenordnung eingeführt. Künftig war die Hamburger Stadtverfassung auf das engste mit der Kirchenverfassung verbunden. Die Kirchspiele der vier Hauptkirchen St. Petri, St. Nikolai, St. Katharinen und St. Jacobi waren gleichzeitig auch die politischen Gliederungen der Stadt und die "Oberalten", die jeweils 3 gewählten Gemeindeältesten der vier Hauptkirchen, bildeten die Spitze des Stadtparlamentes.

Im Jahre 1583 hatte die Hauptkirche St. Nikolai außerhalb der Stadt - dort, wo heute die kleine St. Michaeliskirche steht – einen Begräbnisplatz angelegt, auf dem 1600 eine kleine Kapelle errichtet wurde.

Foto links:
Mariendom

St. Petri

St. Jacobi

Foto links:
St. Katharinen

Da dort immer mehr Menschen hinzogen wurde die Kapelle bald zu einer kleinen Kirche vergrößert, die auch einen Turm erhielt und am Michaelistag 1606 eingeweiht wurde. Vielleicht ist darauf der heutige Name der Kirche zurückzuführen, denn es ist nicht bekannt, wann und woher die Kirche den Namen St. Michaelis be-

St. Michaelis

kommen hat. Im Jahre 1685 wurde St. Michaelis fünfte Hauptkirche.

Die Mitglieder des Domkapitels, die sich zunächst noch nicht der Reformation angeschlossen hatten, blieben außen vor. Viele Domherren verließen nach der Reformation Hamburg, und der Dom wurde sogar zeitweilig geschlossen. Erst nach dem Schmal-

kaldischen Krieg und dem Augsburger Religionsfrieden konnte der Streit, der auch beim Reichskammergericht anhängig war, zwischen der Stadt und dem Domkapitel – inzwischen waren deren Mitglieder auch alle protestantisch geworden – im Jahre 1561 beigelegt werden. Auf Vermittlung Kaiser Ferdinands wurde der „Bremer Vergleich" geschlossen, mit dem das Domkapitel weitgehend auf seinen Einfluss auf die Stadtkirche verzichtete. Auf der anderen Seite behielt es aber die Hoheit über den Dom und seine Einkünfte und die Gerichtsbarkeit über die Domherren.

Seitdem bildete der Dom eine Enklave in Hamburg, die auswärtigen Mächten unterstand, nämlich bis zum Westfälischen Frieden im Jahre 1648 dem Erzbistum Bremen, dann dem Königreich Schweden und seit 1715 dem Kurfürstentum Hannover. Dies hatte den Dom zu einem ungeliebten Fremdkörper inmitten des Stadtgebietes gemacht. Er war damit, als er endlich mit dem Reichsdeputationshauptschluss vom 25. Februar 1803, dem letzen wichtigen Gesetz des Heiligen Römischen Reiches, an die Stadt Hamburg überging, nicht mehr mit deren Kirchenverfassung integrierbar, hatte sein Daseinsberechtigung verloren. Im Jahre 1806 begannen die Hamburger damit, den ungeliebten Dom abzubrechen. Begründet wurde dies offiziell mit der unbedeutend kleinen Domgemeinde und der enormen Baulast, die mit einem Erhalt des Gebäudes verbunden gewesen wäre. Die kostbare Ausstattung des Domes wurde verkauft, weil auch daran kein Interesse bestand.

Im Sommer 1859 nahmen Rat und Bürgerkonvent eine neue Verfas-

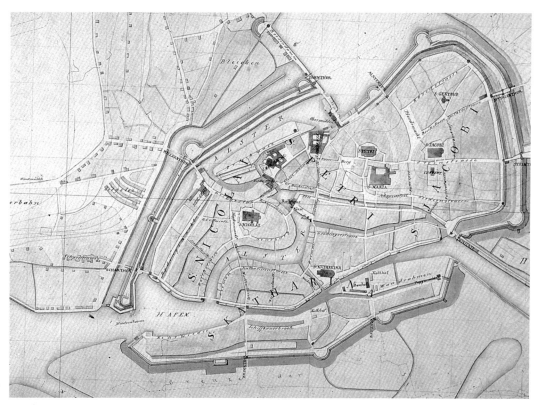

Hamburg um
1600

sung an, mit der die Trennung von Staat und Kirche weitgehend vollzogen wurde. Sie trat 1860 in Kraft. Fortan wurde die Bürgerschaft repräsentativ gewählt und die bürgerlichen Kollegien als politische Gremien abgeschafft. Auf dem Gelände des ehemaligen Doms wurde um 1840 das Johanneum errichtet, das im Zweiten Weltkrieg durch Bomben zerstört wurde.

1893 wurde im Stadtteil St. Georg die Kirche „St. Marien" als neue römisch-katholische Hauptkirche der Stadt Hamburg gebaut. Seit der Wiedererrichtung des Erzbistums Hamburg ist sie Domkirche. Die im letzten Weltkrieg zerstörte St. Nikolaikirche ist nicht wieder aufgebaut worden. Die Gemeinde wurde 1956 zum Klosterstern im Stadtteil Harvestehude verlegt, wo

sie eine neue Kirche erhielt. Die Ruine der alten St. Nikolaikirche in der Altstadt ist heute Mahnmal für die Opfer von Krieg und Gewalt in den Jahren 1939 - 1945.

21

Die erste kleine St. Michaeliskirche

Im Jahre 1583 hatte die Hauptkirche St. Nikolai außerhalb der Stadt, wo heute die kleine St. Michaeliskirche steht, einen Begräbnisplatz angelegt. Er erhielt im Jahre 1600 eine Kapelle. Immer mehr Menschen siedelten sich vor der Stadt an. Man vergrößerte deshalb die bisherige Kapelle zu einer kleinen Kirche, die auch einen Turm mit drei Glocken erhielt und am Michaelistag 1606 eingeweiht wurde. Vielleicht ist darauf der heutige Name der Kirche zurückzuführen, denn es ist nicht bekannt, wann und woher die Kirche den Namen St. Michaelis bekommen hat. Über der Turmtür war die Kirche mit einer Abbildung des heiligen Nikolaus geschmückt, da sie eine Filiale der Hauptkirche St. Nikolai war.

Schon 1604 erhielt die werdende Kirche ihren ersten Prediger. Dazu wurde am 2. September 1604 der Magister Peter Klingenberg gewählt, der aber zunächst nicht das Recht hatte, Taufen oder Trauungen durchzuführen. Die vollen Rechte eines Geistlichen wurden ihm erst nach der Einweihung der Kirche im Jahre 1606 eingeräumt.

Rechtzeitig vor Beginn des dreißigjährigen Krieges bezog die Stadt das neue Siedlungsgebiet, die Neustadt, in ihr Befestigungssystem ein, das nun im Westen entlang des heutigen Holstenwall und Gorch-Fock-Wall verlief.

Die neuen Befestigungsanlagen kosteten die Stadt 10 Jahre lang 25 v.H. ihrer Einnahmen. Sie wurde aber in den Wirren des Krieges zu einer Oase des Friedens, in der immer mehr

Grundriß der ehemaligen 1605 erbauten kleinen Kirche, nebst Kirchhof und Umgebung, sowie mit der 1685 Paßman'schen Schule

Menschen Schutz suchten und fanden.

Von 1625-1646 stieg so die Zahl der Bewohner in der Neustadt von 8.000 auf 20.000. Die Kirche wurde daher schon bald zu klein, so dass bei gutem Wetter die Fenster geöffnet wurden, damit die vielen Menschen die nicht mehr mit hinein konnten, die Predigt draußen auf dem Kirchhof hören konnten. Auf Beschluß von Rat und Bürgerschaft wurde deshalb etwa 200 Meter westlich, wo die heutige große St. Michaeliskirche steht, eine neue große Kirche gebaut, die 1661 eingeweiht wurde. Fortan wurden die Gottesdienste sowohl in der kleinen, als auch in der neuen großen Kirche gehalten, bis die kleine Kirche 1747 wegen Baufälligkeit abgerissen werden mußte.

Erste große St. Michaeliskirche

Die erste große St. Michaeliskirche

Im Juli 1647 beschlossen Rat und Bürgerschaft, etwa 200 Meter westlich der kleinen St. Michaeliskirche eine neue große Kirche zu bauen.

Schon am 1. Juli 1647 hatten die Vertreter der St. Michaeliskirche mit einer Deputation, bestehend aus Mitgliedern des Rates der Stadt Hamburg, des Kollegiums der Oberalten und Bürgern der Vorstadt St. Michaelis einen Vertrag geschlossen mit dem das Kirchspiel St. Nikolai den Neuen Kirchhof neben der Neuen Mauer, das Schulgebäude und die Häuser des Pastors, Küsters, Leichengräbers und Armenvogtes vor dem Millerntore für 25 000 Mark Lübsch an die Gemeinde St. Michaelis abtrat.

Mit dem Vertrag wurde vereinbart:

1. Die Kaufsumme soll erst kündbar werden, wenn die Gemeinde St. Michaelis ihren Kirchbau vollendet und sodann entsprechendes Kapital angesammelt hat.

2. Bis dahin sind jährlich in der Woche nach Johanni (24. Juni), beginnend 1648, 1000 Mark Lübsch Zinsen zu erlegen.

3. Als Sicherheit für Kapital und Zinsen behält sich das Kirchspiel St. Nicolai Eigentumsrecht an dem Kaufobjekt vor; bei Zahlungsverzug kann sie es belasten, vermieten, verkaufen oder wieder einziehen.

4. Erst nach gänzlicher Abtragung der Kaufsumme soll die Auflassung des Kaufobjektes in den Erbebüchern vorgenommen werden.

5. Einkünfte und Lasten bis Johanni 1647 gehen an St. Nicolai von da an – nach Zahlung der ersten Zinsrate – an St. Michaelis.

6. Alle von den Kirchgeschworenen St. Nicolai besiegelten Grabbriefe bleiben in Kraft.

7. Für die bisherige Kirchenrechnung wird von seiten der Gemeinde St. Michaelis Entlastung erteilt.

Innenansicht
1. große
St. Michaelis-
kirche
(Kupferstich von
Fr. Schönemann,
1750)

Baumeister
Peter
Marquard

Unter Leitung des Baumeisters Christoph Corbinus und später des Baumeisters Peter Marquard wurde der Kirchenbau mit einigen Unterbrechungen nach 12 Jahren vollendet und am 14. März 1661 eingeweiht.

Der Turm wurde jedoch erst 1669 fertiggestellt. Im Jahre 1685 wird St. Michaelis neben den vier bisherigen Hauptkirchen St. Petri, St. Jacobi, St. Nikolai und St. Katharinnen die fünfte Hauptkirche in Hamburg. Das Kirchspiel umfasst den südlichen Teil der um 1620 in die Befestigung einbezogenen Neustadt.

Mit den drei Gemeindeältesten von St. Michaelis vergrößert sich das Kollegium der Oberalten von bisher 12 auf 15 Mitglieder.

Vertrag vom 1. Juli 1647

26

10. März 1750:
Brand durch
Blitzschlag

10. März 1750: Erste große St. Michaeliskirche durch Blitzschlag zerstört

Am 10. März 1750 war der Himmel am Morgen heiter und klar. Es schien ein schöner Tag zu werden. Ungewöhnlich viele Menschen bevölkerten an diesem Vormittag die Straßen der Stadt. Ihre ganze Aufmerksamkeit galt der Ratswahl, zu der sich der Rat und die erbgesessene Bürgerschaft im Rathaus an der Trostbrücke versammelt hatten.

Als bekannt geworden war, dass der Kaufmann Guilliam Clamer zum Nachfolger des am 1. März 1750 verstorbenen Ratsherren Ludolf Otte gewählt worden war, bewegte sich eine große Menge zum Haus des neuen Ratsherren. In der St. Michaeliskirche hatten die Glocken um 8 Uhr zur Fastenpredigt geläutet, die der Schiffsprediger Friedrich August Selle für den erkrankten Hauptpastor Senior Wagner hielt.

Bald nach 9 Uhr bezog sich dann bei ziemlich starkem Südwestwind der Himmel mit dicken Wolken. Nachdem um 10 Uhr der Türmer seinen Choral vom Kirchturm geblasen hatte, zog sich ein Gewitter zusammen und kurz vor 11 Uhr fuhr ein starker Blitz vom Himmel, dem unmittelbar ein kurzer, aber ungewöhnlich laut krachender Donnerschlag folgte.

Gleich danach begann es stark zu regnen, vermischt mit Hagel und Schnee. Wie man sich erzählte, will eine alte Frau bemerkt haben, dass der Blitz in den Turm eingeschlagen war. Sie soll aber schnöde abgewiesen worden sein, als sie dies dem Kirchenknecht warnend berichtete.

Dem Turmwächter, der um 12 Uhr im Turm der St. Michaeliskirche die Betglocke angezogen hatte, war noch nichts besonde-

Abbruch der Ruine von 1750 (Lithografie von J. Haas nach C. M. Möller, 1752)

Einsturz des Turmes

nibal mit dem Türmer Lüders auf den Turm. Es gelang ihnen aber nicht, bis zu dem kupfernen Wasserbehälter vorzudringen, den die Gemeinde 1689 aufgestellt hatte und der durch eine Verpackung von 1160 Pfund Haaren so gegen Frost geschützt war, dass er auch im Winter gefüllt bleiben konnte. Die Männer standen dem Feuer hilflos gegenüber. Sie konnten nur die Sturmglocke ziehen, um die Stadt zu warnen, mussten im übrigen aber unverrichteter Dinge wieder herabsteigen.

Inzwischen hatten der Unterküster Jacob Meyer und der Totengräber Rogge die Löschmannschaften alarmiert und die beiden Kirchspielspritzen, die in dem an der Englischen Planke 1686 gebauten Spritzenhaus untergebracht und mit Schläuchen von insgesamt 100 Meter Länge ausgerüstet waren, bereitgestellt. Es zeigte sich aber bald, dass eine wirksame Bekämpfung des Feuers nicht möglich war. Schon nach etwa 45 Minuten brach der Turm im Zick-

res aufgefallen. Erst gegen 12.45 Uhr bemerkte jemand, dass dicht über dem Mauerwerk zunächst Rauch dann heftige Flammen zu sehen waren.

Sofort stieg der Kirchenvogt Han-

zack zusammen. Die eiserne Stange mit Kreuz, Wetterfahne und Turmknopf flogen über die ersten Häuser im Norden hinweg und fielen in einen Hof, ohne Schaden anzurichten.

Die hölzerne Turmspitze zerschlug die Vorderwand eines Hauses zwischen Kirchhof und Schlachterstraße (unweit von der heutigen Kreuzung Ludwig-Erhard-Straße und Neanderstraße).

Das Haus hatten die Bewohner schon verlassen. Ein junges Mädchen war aber noch einmal zurückgekehrt, weil es noch etwas retten wollte. Es lief zum Fenster, um zu sehen, ob noch Zeit bleibt. In diesem Augenblick stürzte die Turmspitze schon auf das Haus, ohne das Mädchen zu verletzen. Aber die brennende Turmspitze versperrte ihr den Weg. Sie mußte darüber steigen, um sich zu retten. Der Hauptteil des Turmes fiel auf das Kirchendach und setzte die Kirche in Brand, die völlig vernichtet wurde. Im Innern der Kirche und in den Gräbern unter der Kirche brannte es noch mehrere Tage.

Bei den Löscharbeiten stürzte ein Zimmermann in ein Grab. Er starb nach elf Wochen an den Brandwunden, die er sich dabei zugezogen hatte. Glücklicherweise waren sonst keine Menschenleben zu beklagen. Durch herabfallende Holzteile wurden auch einige Häuser und Ställe nördlich der Kirche zerstört, weitere Brände entstanden durch die weit über die Stadt fliegenden Funken u.a. am Neuen Wall. Zum Glück legte sich gegen 2 Uhr der Wind und es konnte verhindert werden, dass sich das Feuer auch in der Stadt ausbreitete.

Wir wissen nicht, an welchem Tag die St. Michaelisgemeinde zum ersten Mal gehört hat, wie eine Choralmelodie vom Turm geblasen wurde. Sicher ist aber, dass der Türmer diesen Dienst schon vom Turm der ersten großen St. Michaeliskirche, die 1750 durch Blitzschlag zerstört wurde, versah. Der damalige Türmer Hartwig Christoffer Lüders schrieb:

„den 2. März 1750 habe ich den Dienst angetreten, aber nur acht Tage verwaltet, weil den 10. März selbigen Jahres die Kirche samt Thurm durch einen unglücklichen Wetterstrahl in die Asche gelegt ward. Anno 1778 den 14. September habe ich durch die Gnade Gottes erlebt, daß der Knopf und Flügel des

Verordnung, wegen des, bey Gelegenheit der, am 10ten Märtz, des 1750sten Jahres, durch einen Wetter-Strahl, geschehenen Entzündung des Thurmes zu St. Michaelis, und daher bis auf den Grund erfolgeten Einäscherung derselben Kirche, auf den 19ten dieses Monats, besonders angesetzten Buß-Fast- und Bet-Tages. Auf Befehl Eines Hochedlen Rathes der Stadt Hamburg publiciret den 13 Märtz, 1750. Hamburg, gedruckt bey Conrad König, E. Hochedl. und Hochw. Raths Buchdrucker.

Verordnung über Buß- Fast- und Bettag wegen des Unglücks

29

neu erstandenen Thurmes ist wieder aufgesetzt, und mit innigster Freude Lob- und Danklieder musicirt."

Schon einen Monat nach dem großen Unglück ließ der Rat der Stadt auf dem Großneumarkt einen 20 Meter hohen Glockenturm aus Holz errichten, in denen die Glocken der kurz vorher wegen Baufälligkeit abgerissenen kleinen St. Michaeliskirche aufgehängt wurden. Von diesem Turm blies der Türmer dann täglich morgens um 10 Uhr und abends um 9 Uhr den Choral bis er ab 1778 seinen Dienst wieder vom Turm herab ausüben konnte. Er und seine Nachfolger mussten übrigens noch bis in die zweite Hälfte des 19. Jahrhunderts einen Teil ihres Einkommens zu Weihnachten mit einer Büchse bei den Gemeindemitgliedern erbitten.

Zweite kleine St. Michaeliskirche

Die zweite kleine St. Michaeliskirche

Zweieinhalb Jahre vor der Vernichtung der Großen St. Michaeliskirche am 10. März 1750 war die Kleine St. Michaeliskirche wegen Baufälligkeit abgebrochen worden. Nur fünf Tage vor dem Unglück hatte das Kirchenkollegium den Baumeister Johann Leonhard Prey mit dem Wiederaufbau der Kleinen St. Michaelis Kirche beauftragt, weil man der Meinung war, dass die große Kirche die Gemeinde nicht ganz fassen könne. Außerdem sei es auch im Interesse der ärmeren Bevölkerungsgruppe, eine zweite Kirche für die Gottesdienste zu haben, in der die Plätze billiger vermietet*) werden

könnten. Dieser Beschluss wurde nach dem Unglück sofort wieder aufgehoben, weil man nun alle Mittel für den Wiederaufbau der großen Kirche einsetzen wollte. Dieser beanspruchte allerdings mehr Zeit als ursprünglich angenommen.

Da entschloss sich im Juli 1754 ein zunächst unbekannt gebliebener Wohltäter der Gemeinde, die nach Berechnung des Baumeisters Joachim Hinrich Nicolassen für den Wiederaufbau der kleinen Kirche erforderlichen 25.000 Mark Courant zur Verfügung zu stellen. Erst später wurde bekannt, dass es sich dabei um den Senator Voigt gehandelt hat.

Schon bald wurden Wünsche laut, die Kirche, die zunächst als Fachwerkbau geplant war, doch lieber mit massiven Mauern und größer zu errichten. Als Senator Voigt sich bereit erklärte, auch die dafür erforderlichen Mehrkosten von weiteren 25.000 Mark Courant zu übernehmen, wurde Nicolassen

St. Ansgarkirche („Kleiner Michel") heute

mit dem Bau beauftragt. Allerdings waren in den 50.000 Mark Courant noch keine Mittel für den Altar und die Glocken enthalten. Bereits am 27. August 1754 wurde das Richtfest gefeiert, auf dem der frühere Jurat**) Eibert Hinrich Brüß zur Freude der Anwesenden erklärte, dass er für den von Nicolassen geplanten prächtigen Altar 1.000 Taler (etwa 3.000 Mark Courant) spenden wolle.

Auch für die Orgel fand sich kurze

Zeit später ein unbekannt gebliebener Spender.

Der Bau schritt schnell voran, und man plante schon ein großes Dank- und Jubelfest zur bevorstehenden Einweihung. Da legte Bürgermeister Rentzel im Oktober 1755 seinen Bericht über die Abrechnung des Kirchenbaus vor.

Danach waren bis dahin bereits 106.938 Mark Courant ausgegeben, obwohl – abgesehen von den Mehrkosten für das Dach in Höhe von 800 Mark Courant – keine Nachbewilligungen für den Bau erfolgt waren. Es stellte sich heraus, dass Nicolassen mehr als die Hälfte der Baukosten aus eigener Tasche vorgeschossen hatte und jetzt vom Kirchenkollegium den Ersatz der ohne Auftrag geleisteten Mehrarbeiten forderte.

Das Kollegium lehnte ab. Als auch ein zweites Gesuch, in dem Nicolassen beteuerte, dass er nach Abzug der hohen Bauzinsen so gut wie nichts an dem Bau verdiene, keinen Erfolg hatte, wandte er sich am 19. November an den Senat. Dieser verwies ihn mit abschlägigem Bescheid vom 3. März 1756 schlichtweg auf seinen Vertrag. Darauf wandte sich Nicolassen an das Reichskammergericht in Wetzlar, schloss die Kirche einfach ab und gab die Schlüssel nicht heraus.

Erst am 18. April 1757 beschloss das Gericht in einer vorläufigen Entscheidung, dass die Gemeinde für den Einbau von Gräbern im Gruftkeller 12.438 Mark Courant an Nicolassen zahlen und für den Rest eine Kaution von 44.500 Mark Courant stellen müsse, Nicolassen dann aber den Kirchenbau unverzüglich abzuliefern habe.

Nicolassen befürchtete nun, dass sich die endgültige Entscheidung endlos hinziehen könne und die

Prozesskosten mehr Geld verschlingen würden, als im günstigsten Fall zu gewinnen sei. In der folgenden Woche setzte er die Gemeinde darüber in Kenntnis, dass er sich zufrieden geben würde, wenn man ihm weitere 20.000 Mark Courant zahle und in der ganzen Stadt eine Kollekte für den Kirchenbau bewilligt würde. Dieser Vergleich wurde am 7. Mai 1757 tatsächlich geschlossen.

Nicolassen übergab Bürgermeister Rentzel die Kirchenschlüssel und nach Erledigung der Restarbeiten konnte die Kirche am 14. Juni 1757 endlich eingeweiht werden Durch die Kollekte kamen 9.059 Mark Courant zusammen, so dass Nicolassen letztlich einen Verlust von etwa 25.000 Mark Courant hinnehmen musste.

Nicolassen starb 1770 und wurde im Gruftgewölbe der großen Kirche begraben. Die von ihm erbaute Kirche wurde während der französischen Besetzung auf Befehl der Franzosen ihren Truppen für katholische Messen zur Verfügung gestellt und auf den Namen „St. Ansgar" geweiht. 1824 erwarb die Stadt die Kirche und überließ sie der Katholischen Gemeinde; 1830 wurde sie vollständig renoviert.

1945 wurde das Gotteshaus durch Bomben zerstört und schließlich durch einen Neubau ersetzt, der wieder „St. Ansgar" geweiht wurde – im Volksmund aber immer noch „Kleiner Michel" genannt wird.

*) Bis zum Anfang des 20. Jahrhunderts wurden die Plätze in der Kirche an die Gemeindemitglieder vermietet.

**) Die Juraten waren ein für die weltliche Verwaltung der Gemeinde zuständiges Zweierkollegium

Zweite große St. Michaelis-kirche

Die zweite große St. Michaeliskirche

Nachdem die erste große St. Michaeliskirche am 10. März 1750 durch einen Blitzschlag vollständig niedergebrannt war, beschloss das Kirchenkollegium, dass der „als berühmter Hamburger Architekt" bekannte Baumeister Johann Leonhard Prey und Ernst Georg Sonnin „conjunctim mit einander" den Wiederaufbau der Kirche ausführen sollten, da man glaubte, dass die a k a d e m i s c h e n Kenntnisse des einen durch die praktischen Erfahrungen des anderen nutzbringend ergänzt werden könnten.

Durch Los wurde zunächst entschieden, dass bei Meinungsverschiedenheiten der beiden Baumeister, die Stimme Preys maßgebend sein sollte.

Da Sonnin damit jedoch nicht einverstanden war, einigte man sich darauf, dass jeder von beiden abwechselnd jeweils für eine Woche das Vorstimmrecht und die Aufsicht über den Bau haben sollte, eine Regelung, die sich als Quelle zahlreicher Verdrießlichkeiten erwies und den Fortschritt des Baus erheblich behinderte.

Am 1. Dezember 1757 starb Prey kurz vor Vollendung des Kirchendachs. Sonnin führte den Bau danach alleine fort. Am 19. Oktober 1762 wurde die Kirche in einem festlichen Gottesdienst, in dem Hauptpastor Orlich die Festpredigt über Psalm 132 Vers 7-9 hielt, eingeweiht. Schon am Vortag wurde das Fest von allen Türmen der Stadt eingeläutet. Am Festtag riefen die Glocken schon um 7 Uhr zur Kirche.

"Um halb acht Uhr waren bereits der Rat, das Ministerium, die Ober–

Innenraum der zweiten großen St. Michaeliskirche

Hauptpastor Orlich

alten, die Sechziger und die Hundertachtziger in der inzwischen seit 1755 glücklich wieder vollendeten kleinen Kirche versammelt, von wo man sich dann unter vom Turm herabschallender Musik in feierlicher Prozession nach der neuen Kirche begab, deren Pforten sich nun zum ersten Male öffnen sollten".

Um allzu ungestümen Zudrang zu vermeiden, waren besondere Eintrittskarten ausgegeben, so dass die Kirche für die übrige Gemeinde erst geöffnet wurde, nachdem der Rat, das geistliche Ministerium, die bürgerlichen Collegien und alle übrigen Graduierten, die zu der großen Prozession gehörten, ihre Plätze eingenommen hatten.

Der Kirchensaal war für Minister und Standespersonen, die oberen Gallerien für das 'Heer der Laqueien' reserviert".

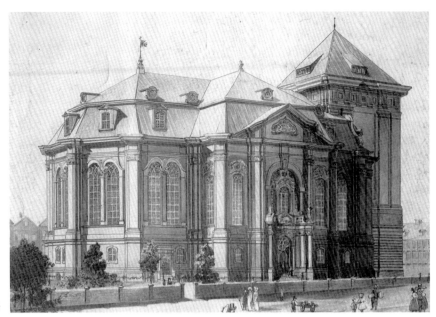

Die Kirche ohne Turm

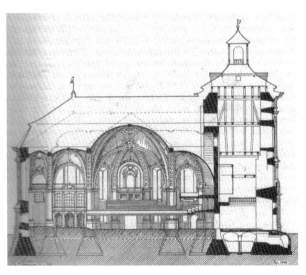

Vier Stunden dauerte die Feier, die mit dem Lied „Nun danket alle Gott" ihren Abschluß fand. Nachmittags läuteten noch einmal von 3 bis 4 Uhr die Glocken der Stadt und danach wurde mit Trompeten und Posaunen von den Türmen musiziert. Die große St. Michaeliskirche hatte bei ihrer Einweihung allerdings noch keine eigenen Läuteglocken. Der Turm war nur bis zur Höhe des Kirchendaches ausgeführt und es dauerte bis zu seiner Einweihung am 31. Oktober 1786 noch fast ein viertel Jahrhundert.

Auch die Orgel, ein Geschenk des holsteinischen Legationsrates Johann Mattheson, war noch nicht fertig. Sie konnte erst nach dem Tod ihres Stifters (1764) fertiggestellt werden. Über die Einweihung sind uns leider keine Nachrichten überliefert.

Baumeister Ernst Georg Sonnin

Der Turmbau der zweiten großen St. Michaeliskirche, ein Bau mit Hindernissen

Wie der Michel zu seinem Turm kam, der noch heute unser Hamburger Stadtbild prägt, ist eine Geschichte voller Hindernisse: Nach der Zerstörung durch einen gewaltigen Blitzschlag am 10. März 1750 konnte die Große St. Michaeliskirche am 19. Oktober 1762 endlich wieder eingeweiht werden, allerdings ohne Turm und ohne Glocken.

Doch das Murren der Hamburger über den fehlenden Turm wurde in den folgenden Jahren immer lauter. Ein Vorschlag, den noch vorhandenen Turmstumpf mit einem Aufsatz zu versehen, in

dem einige Glocken aufgehängt werden könnten, fand keine Zustimmung.

Die Jahre gingen ins Land, noch immer war die St. Michaeliskirche ohne Turm. Da stattete das Kirchenkollegium dem Senat einen Besuch ab und wusste Folgendes zu berichten: Im Umland würden bereits Gerüchte kursieren, dass es Hamburg sicher sehr schlecht gehen müsse, weil der Kirche noch immer der Turm fehle. Sogar Spottgedichte würden bereits die Runde machen.

Um den Ruf der Stadt besorgt, entschloss sich der Senat, nun endlich den neuen Kirchturm zu bauen. Am 4. Juli 1776 wurde Ernst Georg Sonnin zum Turmbaumeister ernannt. Sonnin legte fünf Entwürfe für den neuen Turm vor (siehe Abbildungen). Gebaut wurde – mit einigen Abweichungen – schließlich der mittlere Entwurf.

Zur Empörung vieler Altgesellen machte Sonnin den erst 25 Jahre alten Zimmermann Schotter zum Polier. Der erhielt den beachtlichen Tagelohn von 2 Mark Courant, während die anderen Gesellen lediglich mit 16 Schillingen bezahlt wurden. Schotters Geschick und Zuverlässigkeit rechtfertigten aber den überdurchschnittlichen Lohn und der Bau ging gut voran.

Allerdings wurde Sonnins Umsetzung der Baumaßnahmen immer wieder von der Öffentlichkeit heftig kritisiert. Als er zum Beispiel 20 Meter lange Bauhölzer in die Höhe transportieren musste und dafür eigens eine von Pferdegöpeln*) angetriebene Windein-

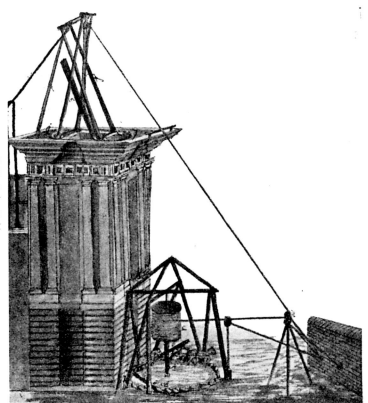

Auslegewinde und Pferdegöpel dienen zum Transport der Hölzer auf den Turmschaft

richtung entwickelte, wurde diese Innovation skeptisch beäugt. Seine Neider behaupteten, dass es unmöglich wäre, die Hölzer mit der Winde nach oben zu befördern. Tatsache ist aber, dass Sonnin den Turm ganz ohne Gerüst baute und dadurch mindestens 20.000 Mark Courant an Bauko-sten eingespart werden konnten. Am 14. September 1779 wurde endlich das vergoldete Kreuz mit Fahne (gestiftet vom Reeder Bernd Roosen) auf die Helm-stange aufgesetzt (gestiftet von Gemeindemitglied Christian Rei-ners).

Probleme machte dann noch die

Kupfereindeckung des Turms. Da es sich um eine größere Baumaßnahme handelte, schrieb die Zunftordnung vor, den Auftrag an mehrere Kupferdeckermeister zu vergeben. Kurz nach Beginn der Arbeiten starb einer der Kupferdecker. Die vier anderen arbeiteten so schlecht, dass Sonnin darauf bestand, einen auswärtigen Kupferdecker zu beauftragen, weil in Hamburg kein zuverlässiger Handwerker zu finden war. Er entschied sich für Pasqualis Meyer aus Lübeck, musste aber zustimmen, dass dieser einem Hamburger Meister unterstellt wurde, der ebenfalls das volle Meistergeld erhielt.

Schon während der Bauzeit behaupteten Kritiker immer wieder, dass der Turm sehr unsicher stehen würde. Und bereits 1780 wurde der Vorwurf erhoben, dass der Turm sich bedenklich nach einer Seite gesenkt hätte. Als Sonnin einmal nach Lüneburg verreist war, veranlassten einige Mitglieder des Kirchenkollegiums in seiner Abwesenheit eine Ablotung des Turmes. Anschließend warfen sie Sonnin vor, dass der Turm nach einer Seite um 7½ Zoll überhängen würde. Sonnin erklärte dazu in einer längeren Rechtfertigung, dass er die Etage mit der Uhr und die Säulen bewusst nach Nordosten übergelehnt hätte. So würde er mit allen von ihm gebauten Türmen verfahren: Diese würden sich nämlich mit der Zeit nach der Regenseite, hier also nach Südwesten, neigen. Würde der Turm im Lauf der Jahre nur um 5 Zoll sinken, stünde die Spitze folglich im Lot.

Im Jahr 1786 konnten dank einer Spendenaktion und einer Materialbeigabe der Admiralität in Form von zwei alten Kanonen endlich auch die Glocken beschafft werden. Am 31. Oktober 1786 wurde der Turm dann feierlich geweiht. Die Festpredigt hielt Hauptpastor Johann Jacob Rambach über 1. Könige 8, 57 – 58 – Salomos Ansprache zur Tempelweihe.

Im Gottesdienst erklang ein zu diesem Anlass komponiertes Musikstück von Carl Philipp Emanuel Bach. Mit dem Lied *„Nun danket alle Gott"* unter Pauken und Trompeten fand die Feier ihren krönenden Abschluss.

*) Göpel: Drehvorrichtung zum Antrieb von Arbeitsmaschinen durch im Kreis herumgehende Menschen oder Tiere

Text zur Musik

bey dem

am 31sten October 1786

angestellten

Dank = Feste

wegen des

glücklich beendigten Thurmbaues

der großen St. Michaelis Kirche

verfertigt

von

J. L. Gericke, Dr.

in Musik gesetzt und aufgeführt

von

Carl Philipp Emanuel Bach,

des Musik=Chors Director.

Hamburg,

gedruckt von Peter Nicolaus Bruns.

Wohnungen im 19. Jahrhundert

Die Franzosenzeit

Am 19. November 1806 wurde Hamburg von französischen Truppen besetzt. 2.600 Mann, vorwiegend holländische und italienische Soldaten, zogen in Hamburg ein. Die Hamburger, von denen viele früher die „grande révolution" begeistert mit Bastille-Festen gefeiert hatten, erlebten dies mit Erbitterung und Wut. Die Lage der Bevölkerung verschlechterte sich zusehends.

Die Preise zogen an und zahlreiche Häuser und Wohnungen mußten für die Einquartierung der Truppen zur Verfügung gestellt werden. Kontrollen nach geschmuggelten Waren waren an der Tagesordnung.

Trotzdem blühte der organisierte Schleichhandel mit dem benachbarten neutralen Altona in unvorstellbarer Weise und für einen großen Teil der ärmeren Bevölkerung, insbesondere auch aus der St. Michaelisgemeinde, war der Schmuggel oft die einzige Möglichkeit, die notwendigen Mittel für das Überleben zu besorgen. Die Stadt behielt zunächst den Schein der Unabhängigkeit, wurde dann aber ab 1. Januar 1811 als Teil des „Département des Bouches de l'Elbe" (Departement Elbmündung) in das französische Kaiserreich eingegliedert.

Am 3. Dezember 1812 war von Napoleon das Bulletin über die Einnahme Moskaus ausgegeben worden. Am Weihnachtsabend verbreitete sich dann aber das Gerücht über die verheerende Niederlage der Franzosen vor Moskau und im Frühjahr 1813 wurde Hamburg durch Kosaken des russischen Generals Tettenborn befreit. Die ganze Stadt jubelte und am 21. April feierte Hauptpastor Johann Jakob Rambach in der St. Michaeliskirche einen Dankgottesdienst. Dabei wurden auch die Fahnen der neu errichteten Hanseatischen Legion geweiht.

Doch die Freude währte nicht lang. Schon am 28. Mai mußte Tettenborn die Stadt wieder verlassen und die Franzosen kamen zurück. Rambach, der zunächst auf den Rat seiner Freunde geflohen war, kehrte bald wieder zurück. Er wurde gezwungen, am 6. Juni in der Michaeliskirche die Predigt in einem Dankgottesdienst für die Befreiung der französischen Stadt Hambourg zu halten.

Hauptpastor D. Johann Jakob Rambach

Für die Bevölkerung begann eine neue Leidenszeit. Mit ungeheuren Anstrengungen wurde die Stadt zur Festung ausgebaut. Im Dezember brannten die Franzosen alle Gebäude, Bäume, Zäune, Hecken usw. vor den Wallanlagen nieder, um freies Schussfeld zu erhalten und dem Gegner die Deckung zu nehmen. In der Stadt wurden alle Hauptkirchen beschlagnahmt und zu Pferdeställen gemacht.

Nur die Michaeliskirche blieb von diesem Schicksal verschont, weil Gemeindemitglieder unter großen Anstrengungen anderweitig Unterkünfte für 500 Pferde besorgten. In der Stadt drängten sich 40.000 französische Soldaten und die Verpflegung für die Bevölkerung wurde immer knapper. Da befahl die Besatzungsmacht, dass jeder, der keinen Vorrat an Lebensmitteln und Feuerung für ein halbes Jahr nachweisen konnte, die Stadt verlassen müsse. Tausende verließen daraufhin die Stadt.

Am Heiligabend ließ man noch einmal in allen Wohnungen die Vorräte kontrollieren. Über 1.800 Menschen wurden daraufhin in der Heiligen Nacht in die Petrikirche gesperrt und am Weihnachtsmorgen bei klirrendem Frost aus der Stadt getrieben. Man schätzt, dass damals über 30.000 Menschen die Stadt verlassen mussten. Erst 1814 verließen die Franzosen Hamburg. Am 29. April 1814 wehte mittags vom Turm der großen St. Michaeliskirche die weiße Fahne. Jetzt konnte wieder vom Turm der Choral geblasen werden, was die Franzosen verboten hatten. Der Dankgottesdienst wurde am 5. Juni 1814 gefeiert, bei der Hauptpastor Rambach die Festpredigt hielt.

Die Menschen können nicht fassen, was passiert ist

Zerstörung der zweiten großen St. Michaeliskirche durch Feuer

Am 3. Juli 1906, einem herrlichen Sommertag, waren Arbeiter damit beschäftigt, an der Südseite des Turms einige Kupferplatten zu erneuern. Dabei benutzten sie eine Benzinlötlampe. Unbemerkt entwickelte sich ein Schwelbrand.

Auf dem Wächterboden unterhalb der großen Turmuhr machte der Feuerwehrmann Beurle seinen üblichen Wachdienst. Branddirektor Westphalen berichtete, dass ein Uhrmacher, der mit der Instandsetzung der großen Turmuhr beschäftigt war, etwa um 2 Uhr Brandgeruch bemerkt hatte. Er ging hinunter zu Beurle, und beide stellten fest, daß zu dieser Zeit ein Feuer noch nicht bemerkbar war. Sie beruhigten sich zunächst wieder.

Als aber kurz danach Rauch nach oben zog, stiegen der Uhrmacher und Beurle abermals nach unten und sahen nunmehr bereits einen ausgedehnten Brandherd. Der Uhrmacher entfloh unter Mitnahme seines Werkzeugs nach unten.

Beuerle bemühte sich noch mit den

Die
brennende
Kirche

Dachdeckern das Feuer zu löschen. Es war aber bereits zu spät. Das Feuer entwickelte sich rasch weiter. Die beiden Dachdekker eilten dann abwärts und entkamen so dem Brand. Der brave Beurle aber blieb sich seiner Pflicht bewusst, stieg wieder nach oben in die Wächterstube und gab auf seinem Morseapparat die Feuermeldung an die Hauptfeuerwache.

Die
ausgebrannte
Kirche

Der
Turmwächter
Beurle
(+ 3. Juli 1906)

Man kann annehmen, dass Beurle nach Abgabe seiner Feuerdepesche noch versucht hat, im Innern des Turms wieder abwärts zu steigen, denn der im Vorraum des Wächterzimmers vorhandene Rettungsapparat, mittels dessen er sich auf das Kirchendach hätte herablassen können, ist nicht von ihm benutzt worden.

Beim Abstieg wird Beurle dann sehr bald vom Rauch überwältigt und später

Die Kirche ist bis auf die Grundmauern niedergebrannt

Hier

ist eine

Sammelbüchse

für den Wiederaufbau

der

St. Michaeliskirche

ausgestellt.

3. Juli 1906.

Nach einer Aufnahme von Knackstedt & Näther, Hamburg

verbrannt sein. Der pflichtgetreue Mann hat einen ehrenvollen Tod erlitten. Bereits um 7 Minuten nach 3 Uhr fiel der Turm „zischend unter Rauch und Dampf und mit einem ungeheuren Krach" in sich zusammen.

Obwohl die aus ganz Hamburg angerückten Feuerwehren mit allen Mitteln versuchten, das Feuer zu bekämpfen, brannte die Kirche bis auf die Grundmauern nieder.

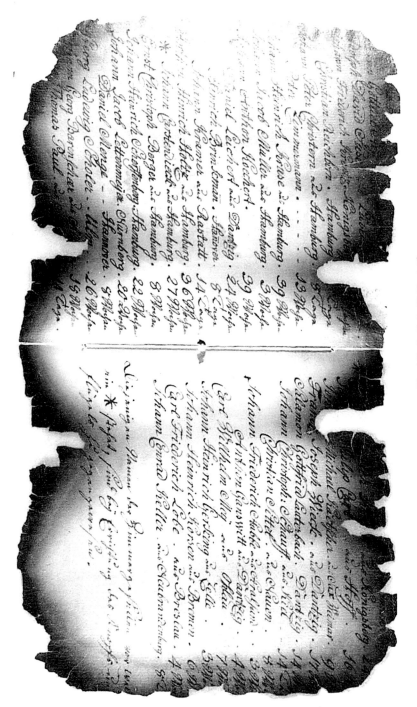

Verzeichnis von 1778 der am Bau des Turmes beteiligten Arbeiter (verkohlt aus dem abgestürzten Turmknopf geborgen)

hochlöblichen ...

und

Kunst und Fleiß des berühmten Herrn Baumeisters

der Thurm = Bau

der Großen

St. Michaelis=Kirche

so weit gediehen,

das der

Knaupf und Flügel

(zur allgemeinen Freude unserer ganzen Stadt)

auf demselben gesetzet ward.

Setzte bey dieser freudigen Handlung dieses Blatt

zum Gedächtniß auf, ein an derselben

theilnehmender

... wider,
... in Schutz und Graus versenkt.
Der neue Thurm, vollkommlich auch erscheinen,
mit dem übrigen was nun noch fehlt, vereinen.

... ew'ger GOtt! HErr, unser Schutz und Retter!
Der du uns weislich schützst nach deinem heil'gen Rath,
Wir küssen deine Hand, die uns in Zorn und Wetter,
Zwar Anfangs tief gebeugt, doch auch gesegnet hat;
O! laß uns deine Huld des Wunsches doch gewähren,
Denn wir in großer Zahl auch Heut von dir begehren:

Mit deinem Allmachts-Arm, den ganzen Bau beschirme,
Für alles Widrige, so jemals kann geschehn,
So, das derselbige, im Wetter, Wind und Stürme,
Auf dem erbauten Grund, mög wie ein Fels bestehn.
Die Väter unsers Staats, ihr rühmliches Bemühen,
Laß bis zur spätsten Zeit, in Ruhm und Segen blühen.

Stärk und erhalte selbst, die Lehrer, deine Knechte,
Die itzt und künftighin, dein Wort mit aller Treu
Auch hier verkündigen; schütz sie mit deiner Rechte,
Und lege Muth und Kraft täglich vermehrt ...;
Dein seligmachend Wort, mit vielen reichen Segen,
An ihrer Hörer Herz zu deiner Ehr zu legen.

HErr, unser Sonn und Schild, erhalte und beschütze,
... wie bisher geschehn, die so durch Kunst und Fleiß,
Am Bau beschäftigt sind, mit Kraft sie unterstütze,
Das alles wohl gelingt, zu deines Namens Preiß,
Auch wenn für Augen schwebt die ... Gefahren,
Laß deiner Engelheer sie schützen und bewahren.

Turmbau-
dokument
(verkohlt aus
dem
abgestürzten
Turmknopf
geborgen)

Extrablatt

Hamburg, Dienstag den 3. Juli 1906.

Der Brand
der gr. Michaeliskirche.

Um ca. 2½ Uhr bemerkte man Flammen aus dem Michaelisturm emporlodern.

Innerhalb wenigen Minuten entwickelte sich daselbst ein Feuermeer welches die Gallerie des Turmes bis zu äußersten Kuppel umhüllte.

Immer intensiver wurde das Feuermeer und bot einen schaurig-schönen Anblick. Durch die Löcher der Zifferblätter, welche die Zeiger zwecks Reparatur seit einigen Tagen fehlen, bahnte sich das Feuer ebenfalls einen Weg. Sämtliche Dächer der umliegenden Häuser sind mit tausenden von Menschen bedeckt, die mit Wehmut diesem unserer schönsten Kirche ereilten Schicksal verfolgen.

Das Feuer dürfte durch die vorgenommene Reparatur der Uhr verursacht worden sein. Das Feuer brennt zur Zeit noch weiter. Das Kupferdach des Turmes fängt an zu schmelzen.

3 Uhr 7 Min. stürzte der Turm nach der Richtung des Kraienkamp's ein.

Aus dem Kirchdach schlagen die Feuergarben intensiver hervor.

Um 3 Uhr 30 Min. sind bereits 8 Häuser an der Englischen Planke von dem Feuer ergriffen und bilden ein Flammenmeer.

Druck und Verlag: M. Zollewitz Hamburg 3

50

Die dritte große St. Michaeliskirche

Bereits einen Tag, nachdem die Kirche durch Feuer vollständig vernichtet worden war, beschloss die Bürgerschaft die Einsetzung einer Senats- und Bürgerschaftskommission für den Wiederaufbau der Kirche, die bereits am 14. Juli zu ihrer ersten Sitzung zusammentrat. Alle Mitglieder waren einstimmig der Ansicht, dass die von Sonnin erbaute Kirche, und zwar möglichst in ihrer alten Gestalt, wiederhergestellt werden sollte. Als Grundlage für den Wiederaufbau dienten die Pläne, die der Architekt Julius Faulwasser in den Jahren 1883 bis 1886 nach einer von ihm selbst vorgenommenen Aufmessung als Studienarbeit gezeichnet hatte.

Die Kommission beauftragte ihn zusammen mit den Architekten H. Geißler und E. Meerwein und dem Ingenieur B. Hennicke mit der Ausführung des Kostenanschlages. Wie die Kommission in ihrem Bericht vom 31. Januar 1907 feststellte, war für die nötigen Baukosten ein Betrag von 3.529.000,– Mark ermittelt worden. Davon wurden am 15. und 27. Februar 1907 von der Bürgerschaft und dem Senat 3.113.000 Mark für den Wiederaufbau des Gebäudes bewilligt. Die restlichen 416.000 Mark sollten aus Leistungen der Feuerversicherung, von der Gemeinde sowie durch Spenden der Bevölkerung aufgebracht werden. Anschließend wurden die oben genannten vier Baumeister mit dem Wiederaufbau der Kirche beauftragt. Nach den Aufräum- und Vorarbeiten und dem Einrüsten der Kirche konnte im Februar 1908 mit der Montage des Kirchendaches begonnen werden, das jetzt nicht mehr aus Holz sondern aus einem Stahlgerippe hergestellt wurde. Zwischen dem Dachraum und der späteren Gewölbedecke der Kirche wurde als feuersicherer Abschluss eine massive Bimsbetondecke eingebaut.

Im Jahre 1908 begann man auch mit dem Wiederaufbau des Tur-

3. große
St. Michaelis-
kirche
nach der
Fertigstellung

Phot. O. Reich, Hamburg

Die
Große St. Michaeliskirche
in Hamburg
nach ihrer Wiederherstellung 1912.

Die große
Orgel von
1912

mes, jetzt ebenfalls nicht aus Holz, sondern unter Verwendung einer Stahlkonstruktion. Schon am 25. September 1909 konnte nach Aufsetzen des vergoldeten Turmknopfes und der Wetterfahne die große Turmrichtfeier begangen werden, die trotz der Teilnahme der ganzen Stadt in erster Linie ein Fest der Bauleute war. Das aus Bronze gegossene Kreuz auf der Turmspitze stiftete die Familie Roosen, deren Vorfahren auch schon 1608 und 1779 die beiden früheren Turmspitzen geschenkt hatten.

Die Einbringung der Glocken am 22. Juni 1910 wurde zu einem riesigen Volksfest wie es Hamburg vor-

Die Hilfs-
Orgel von
1912.
(Marcussen-
Orgel)

her wohl noch nie erlebt hat. Die zehn Glocken waren von der Firma Franz Schilling Söhne in Apolda gegossen worden. Die größte Glocke wurde auf einem Wagen mit acht Pferden, die übrigen auf Wagen, die mit sechs oder vier Pferden bespannt waren, „durch die belebtesten Straßen der ganzen Stadt gefahren, und so ge-langte der mit Laubgewinden fest-lich geschmückte Zug von einer vieltausendköpfigen Menge be-gleitet nach der Kirche." Die sechs Läuteglocken wurden im eisernen Glockenstuhl aufgehängt, die vier Schlagglocken unter der Turmkup-pel über der Aussichtsplattform. Die Schlagglocken dienten als Voll-stunden-, Viertelstunden- und Halb-

Das
Pfarramt vor
dem Brand
1906

stundenglocken der Uhr sowie als Betglocke. Die Glockenweihe wurde am 3. Juli 1910, also genau vier Jahre nach dem Unglück, mit einem feierlichen Gottesdienst in der Kirche begangen. Anschließend feierten Tausende in den Straßen rund um die Kirche ein großes Fest. Die große Uhr, mit ihren Zifferblättern von 8 Meter Durchmesser die größte Turmuhr Deutschlands, wurde von der Firma J. u. A. Ungerer in Straßburg gebaut. Neu geschaffen wurde das Westportal mit der Figur des Erzengels Michael.

Transport der
größten
Läuteglocke
zum Glocken-
boden

Hier befand sich vorher nur ein kleiner Nebeneingang. Die große Orgel war ein Geschenk der D. W. W. Godeffroy-Familien-Fideikomis-Stiftung. Ohne Begrenzung der Kosten war dabei nur die eine Bedingung gestellt, dass das vollkommenste Orgelwerk geschaffen werden müsse, „was mit den Mitteln der Neuzeit

55

Zug der
neuen
Glocken
durch die
Straßen
Hamburgs

Ankunft
der neuen
Glocken

Richtfest
der Kirche am
13. Juni 1908

erreichbar sei." Die Orgel wurde von der Firma Walcker & Co in Ludwigsburg gebaut und war damals mit 163 Registern und 12.173 Pfeifen die größte Kirchenorgel der Welt. Sie wurde später an Größe durch die Orgel im Dom zu Passau übertroffen. Daneben erhielt die Kirche auf der Nordempore eine zweite Orgel mit 40 Registern und 2.640 Pfeifen, die in erste Linie für Konzertaufführungen gedacht war und von der Firma Marcussen & Sohn in Apenrade gebaut worden ist. Die feierliche Einweihung der Kirche fand am 19. Oktober 1912 im Beisein des Deutschen Kaisers statt. Die Festpredigt hielt Hauptpastor Prof. D. Dr. August Wilhelm Hunzinger.

57

Eingang zum
Kirchenbüro (li.)
und Haupt-
pastorat (r.)

Einweihung
des
Gemeinde-
hauses
1908

Wiederaufbau
1912:
Die Architekten
Thiel, Geisler,
Meerwein,
Faulwasser
(von links)

Der Altarraum
der
Lutherkirche

Die Lutherkirche, eine Filialkirche
des Michels

Gottesdienst-
ordnung
am
13. März 1906

Am 13. März 1906 wurde die Lutherkirche in der Karpfangerstraße als Filialkirche für die südliche Neustadt der Hauptkirche St. Michaelis mit 800 Plätzen eingeweiht. Vom Turm der Lutherkirche blies der Türmer nach dem Brand der großen Kirche regelmäßig seine Choräle.

Die Kirche wurde von den Pastoren der großen Kirche betreut. Für sie war Pastor Schwieger (vgl. S. 88) und nach dessen Pensionierung Pastor Karl Bode zuständig. Beide wohnten im Pastorat Mühlenstraße.

Im letzten Krieg wurde die Kirche durch Bomben zerstört und nicht wieder aufgebaut.

Das Beedegestühl:
Der Erzengel Michael
(Beede: Finanz- und Verwaltungsausschuß
des Kirchenvorstands)

Das Senatsgestühl:
Das Hamburger Wappen

Lutherdenkmal

Kriegsende 1945:
Blick auf die Kirche
vom Schaarmarkt aus

wurde die Kirche dann von mehreren Sprengbomben getroffen. Glücklicherweise explodierten diese schon beim Aufprall im eisernen Dachstuhl oder im Altarraum. Hier verhinderte eine darunter befindliche Betonschicht, dass die Bomben in das Gruftgewölbe fielen, der als Luftschutzraum eingerichtet war und in dem etwa 2000 Menschen Schutz gesucht hatten. Wie schon in der ganzen Kriegszeit vorher, ist auch bei diesem Angriff niemand zu Schaden gekommen. In der Kirche richteten die Bomben jedoch erhebliche Schäden an.

So wurden der Dachstuhl und das Deckengewölbe der Kirche in großen Teilen zerstört. Auch im Altarbereich, an der Kanzel, am Gestühl und an der großen Orgel gab es zum Teil erhebliche Schäden. Außerdem entstanden durch Bombentreffer an der Südseite des Turmes starke Schäden.

Da die Kirche nicht mehr benutzbar war, richtete man im Gruftgewölbe provisorisch einen Gottesdienstraum ein bis der schon 1943 ebenfalls völlig zerstörte Gemeindesaal notdürftig wiederhergestellt war und die Gottesdienste dann ab 1946 dort stattfinden konnten.

Später wurde dann am Rand der Nordempore eine Mauer gezogen, durch die der Raum unter der Nordempore vom übrigen Kirchenraum abgetrennt wurde. Hier entstand eine wunderschöne Notkirche, in der fortan bis zur Wiedereinweihung im Oktober 1952 die Gottesdienste abgehalten wurden.

Schon vor der Währungsreform wurde unter erheblichen Schwie-

Im Zweiten Weltkrieg wird die Kirche schwer beschädigt

Im Jahre 1943 wurde die Umgebung der Kirche fast völlig zerstört. Die Kirche blieb aber weitgehend verschont. Erstmals im Juni 1944 entstanden größere Bombenschäden, die aber schon bald beseitigt werden konnten. Im März 1945, kurz vor Kriegsende,

Die große
Orgel im März
1945

rigkeiten damit begonnen, die Schäden zu beheben. Die größten Probleme machte dabei der eiserne Dachstuhl, der auf den vier Pfeilern der Kirche ruht, sich so verschoben hatte, dass er auf einem der Pfeiler nur noch wenige Zentimeter auflag und deshalb abzustürzen drohte.

Mit hydraulischen Pressen wurde der Dachstuhl dann in mühevoller Kleinarbeit wieder in die richtige

Blick vom
Altar zur
großen
Orgel

Position gebracht. Erst danach konnte man damit beginnen, das Dach wieder zu decken. Danach wurde die Stuckdecke der Kirche wiederhergestellt.

Allerdings sehr viel einfacher mit weniger Verzierungen als vorher. Vergleicht man z.B. das mittlere Deckengewölbe mit erhalten gebliebenen Teilen, sind die Unterschiede deutlich zu erkennen. Am 19. Oktober 1952 wurde die Kirche in einem festlichen Gottesdienst von Bischof D. Dr. Schöffel wieder eingeweiht. Die große Orgel wurde erst 1962 durch eine neue Orgel von der Firma G. F. Steinmeyer & Co., Oettingen / Bayern ersetzt.

Der Michel im Trümmerfeld

Notkirche unter der Nordempore

Bürgermeister
Dr. Max Brauer
(vorn links) beim
Gottesdienst zur
Wiederein-
weihung am
19. Oktober 1952.
Im Hintergrund
die mit Stoff
verkleidete
Trennmauer zur
Notkirche
unter der
Nordempore

Notkirche
im Gruft-
gewölbe

Arbeiten
an der
Stuckdecke

Bürgermeister Dr. Max Brauer mit Frau beim Verlassen der Kirche nach dem Gottesdienst zur Wiedereinweihung

Die Tradition des Choralblasens wurde auch nach der Zerstörung der Neustadt fortgeführt

Der Zug bei der Wiedereinweihung der Kirche am 19. Oktober 1952

Der Erste Beamte

Den Zug der Geistlichen und der Kirchenvorsteher führte der Erste Beamte an. Das war bei besonderen Anlässen seit Jahrhunderten Tradition. Vor der Predigt geleitete der Erste Beamte den Pastor auf die Kanzel und holte ihn nach der Predigt dort wieder ab. Der Erste Beamte war Kirchenbuchführer, Leiter des Rechnungswesens und Personalchef. Ihm zur Seite stand der Zweite Beamte.

Die Bezeichnung Erster oder Zweiter Beamter hat hamburgische Tradition. Dieses Amt wurde 1851 geschaffen. Man denke z.B. an den Ersten und Zweiten Bürgermeister, die heute noch so heißen. Auf dem Bild ist der Zug bei der Wiedereinweihung der Kirche am 19. Oktober 1952 zu sehen, voran mein Vater Martin Wiarda, der damals Erster Beamter an St. Michaelis war. Nach dem Ausscheiden seines Nachfolgers Siegfried Selzer wurde diese schöne Tradition beendet, weil das Rechnungswesen von einer Verwaltungsstelle des Kirchenkreises übernommen worden ist. Seitdem gibt es keinen Ersten Beamten an St. Michaelis mehr.

Anlässlich meiner Heirat schrieb mir der damalige Landesbischof D. Dr. Simon Schöffel u.a.:

Landesbischof
D. Dr. Simon
Schöffel.
Hauptpastor von
1922 bis 1954

„Erst bei meiner letzten Einweihung habe ich es erlebt, dass, als nachher der Zug der Feiernden die Kirche verließ und Ihr Herr Vater langsamen Schrittes und erhobenen Hauptes, gefolgt von dem eben noch geltenden Bischof und den immer kleiner werdenden Pastoren zum Saal schritt, einer aus der Menge sagte: *„Der ganz vorne – das ist der Erzbischof!"*

Und hocherstaunte Kinderaugen sahen gläubig zu dem mächtigen Mann auf. Wer wollte es auch bezweifeln?"

Der Hubschrauber mit dem Turmknopf im Netz

Von 1983 bis 1996 wird der Turm vollständig renoviert

Ende der 70er Jahre stellte man schwere Schäden am Turm fest. Ein aus Hamburg stammender Kaufmann hörte davon und fragte an, was die Reparatur wohl kosten würde. Die Fachleute schätzten den Bedarf auf rund 4 Millionen Mark.

Der Kaufmann, der unerkannt bleiben wollte, spendete den Be-

trag und Anfang November 1983 wurde mit den Arbeiten begonnen. Mit einem Hubschrauber wurden zunächst das Kreuz, die Wetterfahne und der Turmknopf heruntergeholt. In der Kirche hatten sich zahlreiche Menschen versammelt, denen von Hauptpastor Quest und der damaligen Kultursenatorin Helga Schuchardt die im Turmknopf verwahrten Dokumente gezeigt und teilweise vorgelesen wurden. Dann wurde – angefangen von der Turmspitze aus – mit den Renovierungsarbeiten begonnen.

Die eingerüstete neue Turmspitze. Erst nach etwa 15 Jahren wird der Turm wieder ganz grün sein

Dabei stellte sich heraus, dass die Schäden viel größer waren, als man geglaubt hatte. So konnte von der Turmspitze kein Teil mehr verwendet werden, so dass sie vollständig neu hergestellt werden mußte. Auch weiter unten stellte man erhebliche Schäden fest. Ursache war, dass die hinter der Kupferaußenhaut ohne Zwischenraum direkt auf dem Stahlgerüst angebrachte Bimsbetonverkleidung jahrzehntelang Wasser aufgenommen, dies an den Stahl abgegeben und so erhebliche Rostschäden verursacht hatte.

Jetzt wurde der Bimsbeton durch Robinienholz ersetzt und vor allem zwischen diesem und dem Stahlgerüst ein Zwischenraum gelassen, der für ständige Belüftung sorgt und auch die Pflege des Stahls ermöglicht.

Im Jahre 1996 konnten die Arbeiten abgeschlossen werden. Lange werden die Hamburger den Turm, statt im vertrautem grün noch in brauner oder fast schwarzer Farbe

Die neue
Turmspitze
um die
Weihnachtszeit
1983

sehen. Erst nach etwa 15 Jahren wird der Turm wieder ganz grün sein. Oben an der Spitze und auf der Kuppel – wo mit den Arbeiten begonnen worden war – ist aber heute schon deutlich zu sehen, dass der Turm allmählich wieder seine grüne Farbe bekommt.

Die Kosten, die ursprünglich auf nur 4 Millionen Mark geschätzt waren, weil man wegen der direkt auf dem Stahl angebrachten Bimsbetonverkleidung die tatsächlichen Schäden nicht erkennen konnte, stiegen jedoch auf 26,5 Millionen Mark. Mehr als 11 Millionen Mark brachten die Hamburger in vielen Einzelaktionen durch Spenden auf. Dafür sind wir sehr dankbar. Dazu kamen eigene Mittel sowie Zuschüsse von Staat und Kirche.

An den Hamburger Kaufmann, der für die Renovierung 4 Millionen Mark gespendet hatte und der inzwischen leider verstorben ist, erinnert eine Gedenktafel auf der Plattform des Turmes.

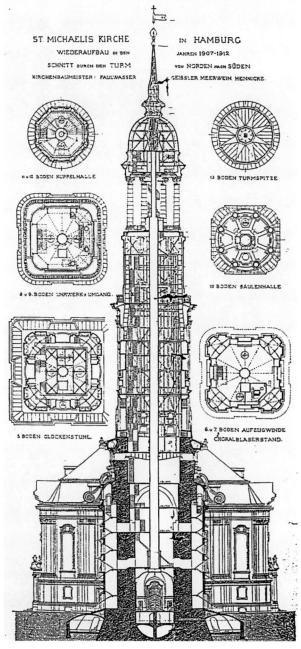

ST. MICHAELIS KIRCHE IN HAMBURG

WIEDERAUFBAU IN DEN JAHREN 1907-1912

SCHNITT DURCH DEN TURM VON NORDEN NACH SÜDEN

KIRCHENBAUMEISTER : FAULWASSER GEISSLER MEERWEIN HENNICKE.

11 u 12 BODEN KUPPELHALLE

13 BODEN TURMSPITZE

8 u 9 BODEN UHRWERK u UMGANG.

10 BODEN SÄULENHALLE

5 BODEN GLOCKENSTUHL

6 u 7 BODEN AUFZUGWINDE CHORALBLASERSTAND.

Der Turm

Den hoch aufgerichteten Turm des Michels sehen die Seeleute zuerst, wenn sie auf der Elbe nach Hamburg heimkehren.

Der Turm gilt daher schon seit Jahrhunderten als Wahrzeichen der Stadt. Von 1983 bis 1996 wurde der Turm restauriert und mit einer neuen Kupferabdeckung versehen.

Von der in 82 Meter Höhe gelegenen Aussichtsplattform des Turmes hat man einen herrlichen Blick über Stadt und Hafen. Sie erreichen diese bequem mit dem Fahrstuhl, der schon 1911 eingebaut wurde und unmittelbar über der Eingangshalle beginnt. Bis dahin müssen Sie allerdings zu Fuß laufen. Genießen Sie nun die Aussicht nach allen Seiten. Gukken Sie auch einmal nach oben. Dort sehen Sie die beiden Uhrglocken aus Bronze, die zu jeder Viertel- bzw. Vollstunde angeschlagen werden.

Sie wirken viel kleiner als sie wirklich sind. Gehen Sie nach dem Besuch des Turmes doch einmal über den Kirchplatz in Richtung Ludwig-Erhard-Straße. Dort stehen ihre beiden Vorgängerinnen aus Eisen, die 1971 durch die jetzigen – gleich großen – Uhrglocken ersetzt worden sind. Wenn Sie sich satt gesehen haben, lohnt es sich, für den Rückweg die Treppen zu benutzen und zu Fuß herab zu steigen.

Sie können dann auf dem 8. Turmboden das alte Uhrwerk besichtigen, ein Denkmal des Mechanikerhandwerks um die Jahrhundertwende. Dieses Werk wurde vor einigen Jahren vom Verein Michaelitica wieder hergerichtet, nachdem es lange Zeit zu verrosten und zu verkommen drohte.

Es läuft heute als Anschauungsobjekt unabhängig von der richtigen

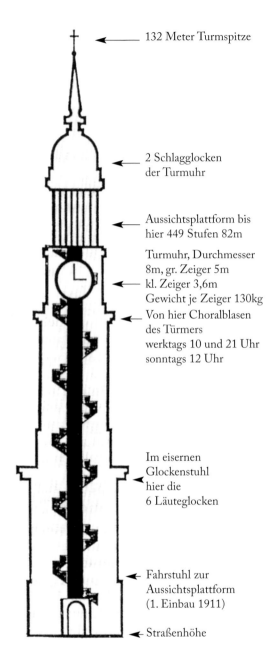

132 Meter Turmspitze

2 Schlagglocken
der Turmuhr

Aussichtsplattform bis
hier 449 Stufen 82m

Turmuhr, Durchmesser
8m, gr. Zeiger 5m
kl. Zeiger 3,6m
Gewicht je Zeiger 130kg

Von hier Choralblasen
des Türmers
werktags 10 und 21 Uhr
sonntags 12 Uhr

Im eisernen
Glockenstuhl
hier die
6 Läuteglocken

Fahrstuhl zur
Aussichtsplattform
(1. Einbau 1911)

Straßenhöhe

Turmuhr Deutschlands ermessen. Sie sind genauso hoch und breit wie die vier Seiten dieses Turmbodens, nämlich 8 Meter. Die großen Zeiger sind 4,91 Meter und die kleinen Zeiger 3,65 Meter lang.

Wenn Sie Glück haben, können Sie auch den Turmbläser (Seite 81) hören, der an jedem Werktag um 10.00 Uhr und um 21.00 Uhr und an jedem Sonntag um 12.00 Uhr vom 7. Turmboden einen Choral in alle vier Himmelsrichtungen bläst. Diese alte Tradition wird am Michel seit über 300 Jahren gepflegt. Weiter unten kommen Sie an den 6 Läuteglocken vorbei. Die größte von ihnen, die „Jahrtausendglocke", hängt dort erst seit Dezember 2008. Ihre Vorgängerin, die im Jahr 2000 neu gegossene „Jahrtausendglocke" musste wegen festgestellter Risse neu gegossen werden (vgl. S. 105).

Deren Vorgängerin mußte im Juli 1917 für Kriegszwecke abgeliefert werden. Sie wurde erst jetzt ersetzt, nachdem ein Hamburger Kaufmann, der unbekannt bleiben möchte, dafür eine zweckgebundene Spende gegeben hatte. Sie erkennen die Glocke daran, dass das Joch, an dem sie angebracht ist, aus Holz und nicht, wie bei den anderen Glocken, aus Metall ist.

Das Joch aus Eichenholz wiegt allein 1.5 Tonnen, die Glocke selbst 9 Tonnen.

Uhr. Diese wird nämlich seit Jahren durch ein kleines unscheinbares Elektrowerk angetrieben, das durch Funk gesteuert wird. Hier können Sie auch die Größe der vier Zifferblätter der größten

Der Turmbläser

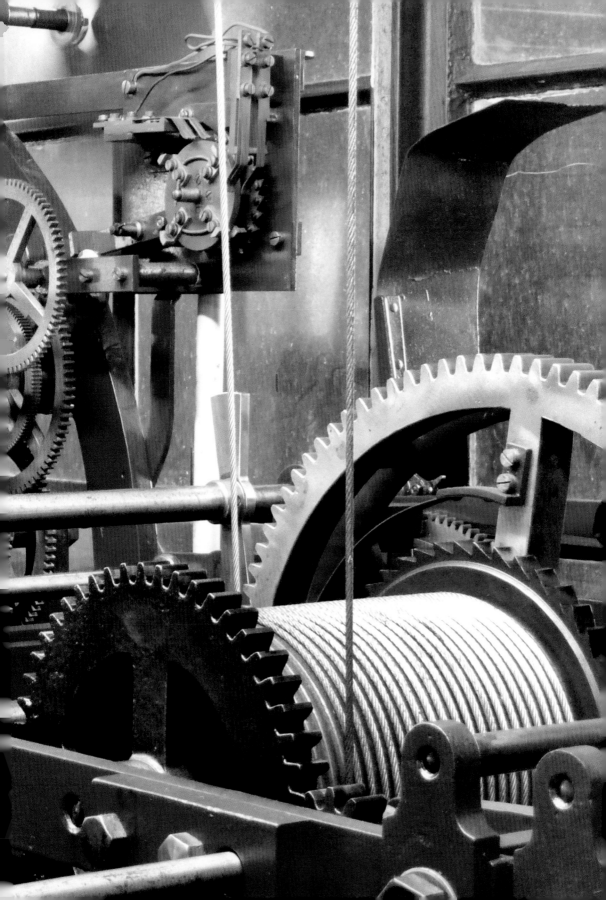

Die Turmuhr von St. Michaelis ist die größte Turmuhr Deutschlands

Die Turmuhr von St. Michaelis

Foto Seiten
82/83:
Das alte
Turmuhrwerk
von 1911

Wenn man sich die Entwürfe von Ernst Georg Sonnin für den Bau des Turmes unserer Kirche betrachtet (S. 40), fällt auf, dass er offenbar besonderen Wert auf eine ungewöhnlich große und deutliche Turmuhr gelegt hat. Bei einigen der Entwürfe war für die Uhr sogar ein Durchmesser des Zifferblattes von 10 Metern vorgesehen. Die Uhr des tatsächlich gebauten Turmes hat zwar nur etwas kleinere Zifferblätter von 8 Metern Durchmesser, ist trotzdem aber die größte Turmuhr Deutschlands. Wie wichtig damals eine weithin sichtbare Turmuhr gewesen ist, ergibt sich schon aus der Tatsache, dass der Rat der Stadt unmittelbar nachdem die erste große St. Michaeliskirche im Jahre 1750 durch Blitzschlag zerstört worden war, am Millerntor eine Ersatzuhr anbringen ließ.

Außerdem wurden zwei hölzerne Türme auf dem Großneumarkt und auf dem Gänsemarkt errichtet, die Glocken erhielten, an denen Soldaten die Stunden anschlagen mußten. Während die 1750 zerstörte Uhr alle acht Stun-

Dieses Zeigerpaar im Eingang zum Gruftgewölbe, das beim Brand 1906 vom Turm gefallen war, diente als Vorlage für die neuen Zeiger. Der kleine Zeiger hat eine Länge von je 3,65 Meter, der große 4,91 Meter. Jeder Zeiger wiegt 130 kg und jede Ziffer mißt 1,35 Meter

den vom Küster aufgezogen werden mußte, konnte Sonnin es durchsetzen, dass die neue Uhr statt des vorgesehenen Dreißig-Stunden-Werkes ein Werk bekam, das erst nach einer Woche wieder aufgezogen werden mußte.

Die Zeit wurde – wie damals allgemein üblich – nur durch je einen Zeiger an den vier Seiten des Turmes angezeigt. Seit 1839 wurde jedoch immer wieder die Forderung erhoben, die weithin sichtbare Uhr auch mit Minutenzeigern auszustatten. Erst, nachdem am 13. Dezember 1863 der Zeiger an der Nordseite heruntergefallen war, wobei zum Glück niemand zu Schaden kam, begann man ernsthaft mit den Planungen, ein Werk für die Stunden- und Minutenanzeige einzurichten und erteilte im Jahre 1866 dafür dem Uhrmacher Heinrich Reitz aus Winterhude ei-

Seit 1994 wird der genaue Gang der Uhr durch Funk gesteuert

holt und umgestaltet werden. Dabei versuchte man auch, den Gang der Uhr durch schwerere Gewichte zuverlässiger zu machen. Das hatte aber zur Folge, daß das Aufziehen der Uhr so schwierig wurde, daß dies eine halbe Stunde in Anspruch nahm. Dabei wurde auch noch ein zusätzlicher Arbeiter benötigt, der in dieser Zeit den Minutenzeiger vorrücken mußte.

Im Jahre 1896 wurde schließlich von der Firma Berhard Zachariä aus Leipzig ein neues Turmuhrwerk eingebaut. Dieses mußte zwar spätestens nach 36 Stunden wieder aufgezogen werden, arbeitete aber bis zu seiner Vernichtung durch den Brand im Jahre 1906 sehr zuverlässig. Das Aufziehen besorgte jeden Mittag der auf dem Turm stationierte Feuerwächter.

Wie aus einem alten Prospekt der Firma hervorgeht, war das Werk „mit einer astronomischen Uhr mit Riefler`schen Pendel auf elektrischem Wege verbunden" und wurde „von genannter Penduluhr jede halbe Stunde mittels eines Kontaktes reguliert. Wenn nämlich die Turmuhr, die auf Zufrühgehen reguliert ist, 5 Sekunden gewonnen hat, so wird durch die in den unteren Räumlichkeiten der Kirche untergebrachte astronomische Uhr ein elektrischer Kontakt hergestellt, welcher das Turmuhrwerk so lange außer Betrieb setzt, bis die Differenz von 5 Sekunden beglichen ist."

Der genaue Gang der Uhr wurde übrigens regelmäßig durch den Vergleich mit dem Herabfallen des Zeitballes der nahegelegenen Sternwarte auf dem Stintfang (heute steht dort die Jugendherberge) kontrolliert. Der auf dem Dach der Sternwarte angebrachte Zeitball wurde täglich genau um 12

nen entsprechenden Auftrag. Im März 1868 war die Uhr fertig, die nun für mehrere Jahrzehnte als einzige Turmuhr in Hamburg neben den Stunden auch die Minuten anzeigte.

Leider stellte sich jedoch heraus, dass es bei dem damaligen Stand der Technik sehr schwer war, die Uhr auch bei extremen Wetterbedingungen zuverlässig in Gang zu halten. Immer wieder kam es zu Störungen und schon 1871 mußte das Werk gründlich über-

Das stillgelegte Uhrwerk ist auf dem 8. Turmboden zu sehen. Es handelt sich um ein hochinteressantes Beispiel der Maschinenbaukunst vom Beginn unseres Jahrhunderts

Uhr mittags aus seiner Verankerung gelöst und zeigte durch sein Herabfallen den Menschen im Hafen zum Vergleich ihrer Uhren an, daß es genau 12 Uhr war. Mit der Konstruktion der neuen Uhr wurde der Uhrmacher Toni Ungerer aus Straßburg beauftragt. Die Uhr konnte im Jahre 1911 in Betrieb genommen werden. Als Vorlage für die neuen Zeiger diente übrigens ein altes Zeigerpaar, das beim Herabfallen zerbrochen und von Ungerer wieder zusammengesetzt worden war. Es befindet sich heute in der Ausstellung „Michaelitica" im Gruftgewölbe.

Für die Turmbesucher war es immer wieder faszinierend, wenn sie das auf dem 8. Turmboden untergebrachte riesige Uhrwerk betrachteten und sich alle 30 Sekunden das Räderwerk in Bewegung setzte, um die fast fünf Meter langen Minutenzeiger zwanzig Zentimeter vorrücken zu lassen.

Die kleinen Zeiger haben eine Länge von je 3,65 Metern. Jeder Zeiger wiegt 130 kg und jede Ziffer mißt 1,35 Meter. Seit 1964 stand das große Räderwerk still, weil die Uhr seitdem durch ein kleines unscheinbares Elektrowerk angetrieben wird. Seit der Umstellung rücken die Minutenzeiger nicht mehr alle 30 Sekunden, sondern nur noch einmal in der Minute, jetzt aber 40 cm, weiter. Seit 1994 wird der genaue Gang der Uhr durch Funk gesteuert.

Bei dem stillgelegten Uhrwerk handelt es sich um ein hochinteressantes Beispiel der Maschinenbaukunst vom Beginn unseres Jahrhunderts. Nach Auffassung des Denkmalschutzamtes war es wünschenswert, das Werk vor dem Verfall zu bewahren.

Der Verein MICHAELITICA an St. Michaelis zu Hamburg e.V. hat das Werk deshalb im Jahre 1996 durch die Firma Iversen, Dimier & Cie, restaurieren und wieder in Gang setzen lassen. Heute läuft es als Schauobjekt für die Turmbesucher neben der anderen Uhr her.

Mol ganz wat anner's — ganz wat oles tworst,
un likers bliwt dat ewig nee:
Wat di de gröttste Arbeitsminsch,
wat di de truuste Minschenfründ,
Jesus, de Heiland, to vertellen het. —
Dat smiet nich weg; riet dat nich twei!
Nimm dat mol mit no Hus.
Lees allens dörch, denk dor mol öber no
un nimm recht deep di dat to Harten.
Nahst ward bi lütten allens in di anners,
In Hus un Hart kümmt allens in de Reeg.

❖

För mine leewen, flietigen, düchtigen Hamborger Arbeitslüüd un Seelüüd, för
jem ehr Kinner un, wer't sünst lesen mag, hew ik versöcht, dat, wat vör
neegenteinhunnert Johr'n uns' Herr Jesus mit sin' unvergängliche Barg-
predigt in de Minschenwelt herinnerropen het, ganz frie to öberdrägen in de
Mundort, de an de Woterkant bi uns hier sproken ward.
Hamborg, to Ostern 1922.

H. Schwieger,
Paster an de Groote Micheelskark un an de lütt Lutherkark in de Karpfangerstroot.

Pastor Henry Schwieger

Einer der volkstümlichsten Pastoren unserer Gemeinde war Pastor Henry Schwieger, der von 1892 bis 1930 am Michel wirkte. Er war dafür bekannt, dass er sich frühmorgens an den Elbtunnel stellte und die Bergpredigt in plattdeutscher Übersetzung an die Werftarbeiter von Blohm und Voß verteilte.
Er leitete viele Kreise für Menschen jeden Alters und wurde von den Gemeindegliedern hoch verehrt und geliebt. Gern unterhielt er sich auch mit den Hafenarbeitern im Grogkeller Jacobs hinter der Englischen Kir-

che, natürlich plattdeutsch, das damals allgemeine Umgangssprache in der Neustadt war.
Wie berichtet wird, muss Pastor Schwieger ein trinkfester Mann gewesen sein. So soll er oft mit den Hafen- und Werftarbeitern „einen gehoben" haben. Wegen seiner großen Beliebtheit konnte er jedes Jahr mehr als Hundert Konfirmanden im Michel und in der Lutherkirche einsegnen.
Zu Hause muss er wohl ein strenges Regiment geführt haben. Jedenfalls erzählte mir Frau G., die bei ihm im Haushalt tätig gewesen ist, dass seine Frau, wenn er aus dem Haus ging, oft gesagt habe: „Er ist weg, jetzt machen wir es uns erst einmal bei einer Tasse Kaffee gemütlich."

Pastorat Schwieger in der Mühlenstrasse, jetzt Gerstäckerstrasse

Stadt geworden. Weniger bekannt ist, dass der Turm von Anfang an immer wieder als Basis für wissenschaftliche und andere Untersuchungen gedient hat. Zum Beispiel stellte sein Erbauer Sonnin schon 1793 eine astronomisch richtige Mittagslinie auf dem Uhrboden fest und im Jahre 1802 nahm Dr. Benzenberg seine berühmten Fallversuche zum Nachweis der Erdumdrehung im Turm vor.

Besondere Bedeutung hat der Turm aber seit langer Zeit als Vermessungspunkt.

Als man im Juni 1985 die Ende 1983 wegen der Turmsanierung abgenommene Turmspitze wieder auf den Turm gebracht und dort montiert hatte, war damit auch der Trigonometrische Punkt Hauptkirche St. Michaelis wiederhergestellt. Diese Tatsache hat das Vermessungsamt der Freien und Hansestadt Hamburg zum Anlaß genommen, darüber in einer Dokumentation, von der eine Ausfertigung im Turmknopf aufbewahrt wird, zu berichten. Einige darin erwähnte Feststellungen sind sicher auch für unsere Leser von Interesse.

Als Friedrich VI., König von Dänemark, 1816 eine Vermessung seines gesamten Königreichs angeordnet hatte, bestimmten die Vermesser die Turmspitze von St. Michaelis als einen der südlichsten Vermessungspunkte. Schleswig-Holstein einschließlich Altona unter standen damals nämlich der dänischen Krone. Eine Fortsetzung dieser dänischen Grundmessung nach Süden wurde wenig später vom Königreich Hannover, dessen Nord-

Die Turmspitze als Vermessungspunkt und ein Experiment mit – beinahe – tödlichem Ausgang

Es ist allgemein bekannt, dass die Hamburger – weit über die Mitglieder unserer Gemeinde hinaus – eine besondere Anhänglichkeit zu der Michaeliskirche und deren Turm empfinden. So sprechen sie schon seit über 200 Jahren immer von „unserem Michel" und insbesondere für die heimkehrenden Seeleute ist der weithin sichtbare Turm zu einem Wahrzeichen der

Die Turmspitze der
St. Michaelis-
kirche
von 1866.
(Nullpunkt
des Hamburger
Koordinaten–
systems und
Zielpunkt des
Trigono–
metrischen
Punktes)

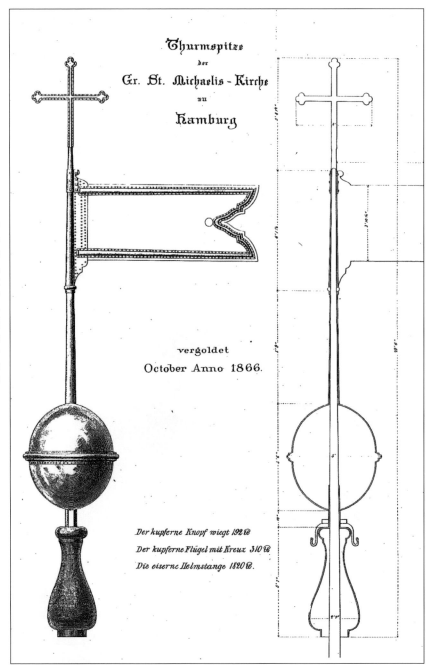

Thurmspitze

der

Gr. St. Michaelis - Kirche

zu

Hamburg

vergoldet

October Anno 1866.

Der kupferne Knopf wiegt 192 ℔
Der kupferne Flügel mit Kreuz 310 ℔
Die eiserne Helmstange 1820 ℔

grenze an der Elbe lag und zu dem auch Harburg gehörte, vorgenommen. Der Turm von St. Michaelis diente dabei als wichtiger Verknüpfungspunkt.

Auch die 1827 für eine topographische Aufnahme des Gebietes von Hamburg durchgeführten Messungen bezogen sich auf den Kirchturm von St. Michaelis und als sich nach dem „Hamburger Brand" von 1842 für den Wiederaufbau der zerstörten Stadtteile die Notwendigkeit genauer Vermessungen ergab, wurde die Turmspitze von St Michaelis als Nullpunkt für das gesamte Koordinatensystem bestimmt. Als Zielpunkt wurde die Mitte der Helmstange unmittelbar unterhalb des Turmknopfes festgelegt. Bis heute dient seitdem der Turm von St. Michaelis als Nullpunkt für alle in Hamburg durchgeführten Vermessungen.

In diesem Zusammenhang taucht natürlich die Frage auf, ob der für die Vermessungen dienende Zielpunkt im Laufe der Zeit nicht seine Lage verändert und die Werte entsprechend berichtigt werden müssen. Sonnin hatte den Turm so gebaut, dass sich seine Spitze um 36 cm gegen Nordosten überneigte. Er tat dies, weil sich nach ihm bekannten Messungen gezeigt hatte, dass bei anderen Türmen oft eine Südwestsenkung festgestellt worden war. In einem Brief von 14.8.1780 an den Hamburger Senat mußte er sich deshalb gegen Gerüchte verteidigen, dass der Turm schief stehe.

Er schreibt darin, dass der Überhang der Spitze so klein sei, dass er „mit bloßen Augen mit Gewißheit nicht wahrgenommen werden kann. Deshalb ist auch das Gerücht vom Überhange unseres Thurms so ungleich, dass der eine ihn gegen Westen, der andere gegen Norden, der dritte gegen Osten, der vierte gegen Süden überhängend haben will."

Messungen in den Jahren 1846 bis 1895 zeigten dann aber eine Lageveränderung, die 1895 etwa 40 cm gegen Osten ausmachte, so dass sich die Annahme Sonnins, dass sich eine Lageveränderung nach Südwesten einstellen würde, als unzutreffend erwies. Durch andere Messungen wurde festgestellt, dass nur die Turmspitze, nicht aber der ganze Turm die Lage verändert hatte. Man nimmt deshalb an, dass die Bewegungen auf die damalige Holzkonstruktion zurückzuführen waren. Regelmäßige Messungen des nach der Brandkatastrophe von 1906 wiederaufgebauten Turmes haben nämlich praktisch keine Lageveränderungen ergeben.

Der gegenwärtige Entwicklungsstand der Raumfahrt- und Satellitentechnik eröffnet auch für die Landvermessungen neue Perspektiven. Ein neues Meßverfahren, das unter Verwendung von Weltraumsatelliten arbeitet, befindet sich bereits in der Aufbau- und Entwicklungsphase.

Das Schallloch des Orgel-Fernwerks

Fotos Seiten 92/93: Der Zelebrations-altar und Relief mit dem Bild vom Abendmahl

Foto Seite 94: Der Taufstein

Foto Seite 95: Christi Auferstehung. Altarbild aus Glasmosaik von Professor Ernst Pfannschmidt. Hergestellt in der Kunst-anstalt Puhl und Wagner, Berlin

An der Kanzel der zweiten großen St. Michaeliskirche war diese silberne Kanzelsanduhr angebracht. Es war ein Geschenk von Paul Hinrich Parey. Wie berichtet, hat der 1851 verstorbene Hauptpastor August Jacob Rambach die Uhr noch regelmäßig vor Beginn der Predigt gewendet und an ihr die Dauer seiner Predigt abgelesen

ZUR ZEIT DES BAUES GEHOERTEN DEM
KIRCHENVORSTAND ALS MITGLIEDER AN
DUNCKER, HALLER, THAER, PHIL. DR. ROSENBAUM
BADE, KRUMSTROH, KUHRT, KUEHN, VOSS
HOLTHUSEN, MUELLER, J. U. DR. WILLINK
DETJENS, KRIEMELBERG, BRUNTSCH, J. U. DR.
EGGERS, ADLOFF, SCHROEDER, LANGENBECK
...ANN, WAECHTLER, MAEHL, SUESSMILCH, HECHT
...HOFGLOCKENGIESSERMEISTER IN APOLDA GOSS...

Eine grosse Menschenmenge – voran Hamburger Originale – holt die neue Glocke ab

Die Glocken

Foto Seiten
98/99:
Die neueste und
die älteste
Glocke.
Links die neue
Jahrtausend-
glocke,
gegossen 2008,
rechts die
Kirchen-
vorsteherglocke,
gegossen 1910

Nach der Zerstörung der Kirche im Jahre 1906 war ihr Geläut schon 4 Jahre danach wieder voll ersetzt worden. Das war, als die erste große Kirche am 10. März 1750 durch einen Blitzschlag zerstört worden war, nicht so. Erst nach mehr als 12 Jahren, am 19. Oktober 1762, konnte die neue Kirche wieder eingeweiht werden, allerdings ohne Turm und Glocken, da die Gemeinde dafür einfach keine Mittel aufbringen konnte. Man überlegte schon, auf dem Kirchendach provisorisch ein Gerüst für die Aufhängung zweier kleiner Glocken zu errichten, als Sonnin endlich den Auftrag für den Bau des Turmes erhielt.

1782 war der Turm soweit fertig, dass drei Uhrschlagglocken aufge-hängt werden konnten. Für die Läuteglocken fehlte allerdings immer noch das Geld.

Das änderte sich, als der Subdiakon Bogilaus Heinrich Maack erfahren hatte, dass der 82 Jahre alte Herr Samuel Ludwig Neyen 1.000 Mark Courant für den Gotteskasten stiften wolle. Er konnte den alten Herrn überreden, dass dessen Name an die Spitze einer Sammelliste für die Anschaffung neuer Läuteglocken gesetzt wurde und die Spende dafür verwandt werden durfte. Mit großem Eifer schaffte es Maack, dass schon nach kurzer Zeit 21.743 Mark gesammelt waren.

Als sich dann auch noch die Admiralität bereit erklärte, zwei alte Kanonen als Material für die Glocken zu spenden, konnten endlich drei Glocken angeschafft werden.

Als vierte Läuteglocke wurde eine

schon 1615 gegossenen Glocke aufgehängt, die vorher in der wegen Baufälligkeit abgebrochenen kleinen Michaeliskirche gehangen hatte.

Sie soll einen besonders schönen Klang gehabt haben. Auf ihr waren die Namen der Leichnahms- und Kirchgeschworenen von St. Nikolai (ursprünglich Mutterkirche von St. Michaelis) - darunter auch Dithmar Koel - aufgeführt. Außerdem zeigte die Glocke auf der einen Seite den Heiligen Nikolaus und auf der anderen Seite ein Marienbild mit der Überschrift „Maria". Das ist allerdings sehr verwunderlich, da die Glocke erst fast 90 Jahre nach Einführung der Reformation gegossen worden ist. In seinem Buch

über St. Michaelis, das 1809 erschien, beschreibt dann Wortmann auch sein großes Erstaunen über diese Tatsache, kann sie aber nicht erklären.

Die 1782 aufgehängte Glocke für die vollen Stunden wurde auch als Bet- und Feuerglocke benutzt. Weil sie einen dumpfen Klang hatte, und alle Versuche um Abhilfe vergeblich waren, nutzte die Gemeinde 1804 die Gelegenheit, die große Glocke des Domes, der kurz danach abgebrochen wurde, zu kaufen. Sie diente von da ab als Schlagglocke für die vollen Stunden. Vielleicht trug auch diese aus dem Mariendom stammende Glocke ein Abbild der Maria mit Kind. Mit Sicherheit wissen wir das aber nicht.

Nach der Zerstörung der Kirche am 3. Juli 1906 konnte die Glockenweihe der 6 Läuteglocken und 4 Uhrschlagglocken bereits 4 Jahre später, nämlich am 3. Juli 1910 mit Festmusik, Festpredigt und einem „michaelitischen Riesenkonzert" gefeiert werden...

Doch schon im Juli 1917 (sieben Jahre danach und nur 5 Jahre nach der Einweihung der neu erbauten

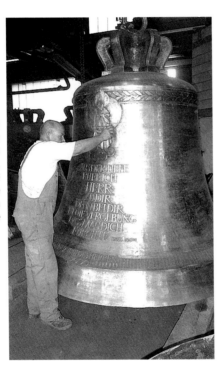

Etwa 10 Tage musste die Glocke abkühlen, bevor sie aus der Grube geholt werden konnte

Kirche) verlor der Michel sein schönes Geläut. Bis auf die kleinste Läuteglocke mussten alle Läuteglocken und alle 4 Schlagglocken, sowie das Kupferdach der Kirche und die großen Prospektpfeifen der großen Orgel für Kriegszwecke abgeliefert werden.

Nach dem Krieg konnte im Dezember 1919 eine Glocke aus dem Glockenlager in der Eifel zurückgekauft werden. Am 7. November 1924 trafen zwei neu gegossene Schlagglocken ein und am 20. No-

vember 1924 wurden drei neue Läuteglocken feierlich eingeholt. Die Glockenweihe nahm Hauptpastor D. Dr. Schöffel am 1. Advent (30. November) 1924 vor. Der Gemeinde fehlten danach aber immer noch 2 Schlagglocken und die größte Läuteglocke. Auch die Prospektpfeifen, für die Attrappen aus Holz eingebaut worden waren, sind - bis die Orgel wegen der Kriegsschäden ausgebaut werden musste - nie ersetzt worden. Niemand von uns hat geglaubt, dass die fehlende Glocke jemals ersetzt werden und unser Geläut einmal wieder so klingen würde, wie ursprünglich im Jahre 1910.

Doch nun ist das Wunder geschehen. Weihnachten 1998 brachte das Hamburger Abendblatt in seiner Wochenendbeilage einen Bericht über die Glocken des Michels. Ein Hamburger Kaufmann erfuhr auf diese Weise, dass das Geläut von St. Michaelis immer noch unvollständig war und beschloß, dem Michel die fehlende Läuteglocke zu stiften.

Mit dem Guss wurde die Glockengießerei A. Bachert in Heilbronn beauftragt. Die künstlerische Gestaltung lag in den Händen von Architekt Paul Gerhard Scharf. Vieles musste noch bedacht und vorbereitet werden, bis am Freitag, den 31. März 2000 (nur freitags um 15 Uhr - zur Sterbestunde Jesu - werden Glocken gegossen) der Guss unserer neuen Glocke, die wir „Jahrtausendglocke" nennen, erfolgen konnte. Eine Abordnung der Gemeinde war extra nach Heilbronn gereist, um dabei zu sein.

Nach dem von Hauptpastor Adolphsen gesprochenem Gebet gab Albert Bachert mit den Worten „In Gottes Namen!" das Signal an seine Mitarbeiter, mit dem Guss zu beginnen.

Die alte Jahr-tausendglocke. Sie ersetzte die große Michel-Glocke, die 1917 abgenommen, eingeschmolzen und zu Kriegszwecken verwendet wurde. Die Glocke zierte das Wappen der Freien und Hansestadt Hamburg und der Erzengel Michael als Namenspatron der Kirche. Sie trug die gleiche Inschrift wie ihre 1917 abgenommene Vorgängerin. AUS DER TIEFE RUFE ICH, HERR, ZU DIR. DENN BEI DIR IST DIE VERGEBUNG; DASS MAN DICH FÜRCHTE (Psalm 130, 1+4) Im Jahre 2008 wurde sie durch eine neue Glocke ersetzt. (Seite 105)

Vorher war die „Glockenspeise" in verschiedenen Behältern auf die erforderliche Temperatur erhitzt worden. Es war schon sehr beein-druckend, dabei zu sein, wie dann die glühende Masse im offenen Kanal zur Glockenform lief und darin verschwand.

Etwa 10 Tage musste die Glocke abkühlen, bevor sie aus der Grube geholt werden konnte. Sie war nun pechschwarz, weil der Mantel nach geheimen Rezepten aus Lehm, Pferdemist, Kälberhaaren und Stroh gemischt - durch die Hitze verbrannt war. In mühsamer Arbeit wurde sie dann gesäubert und der Kern entfernt. Nun konnte die Glocke zum ersten Mal angeschlagen werden und erst jetzt wusste man, dass das Werk wirklich gelungen war.

Die neue
Jahrtausend-
glocke

Hauptgottesdienst zogen die Besucher mit vielen anderen Hamburgern von der Kirche zur Helgoländer Allee, um die neue „Jahrtausendglocke", die gerade aus Heilbronn eingetroffen war, abzuholen.

Über die für den Verkehr gesperrte Ludwig-Erhard-Straße wurde die festlich mit Girlanden geschmückte Glocke auf ihrem Weg zur Kirche von einer großen Menschenmenge begleitet, voran der Posaunenchor, Bürgermeister Burchard aus dem Jahre 1910 und Hamburger Originale, wie Hummel-Hummel, eine Hamburger Köksch, ein Udl und einige Damen und Herren des Kirchenvorstandes in der Kleidung um das Jahr 1910. Anschließend wurde sie vor mehr als 2.500 Zuschauern auf dem Kirchplatz aufgestellt und liturgisch mit Dank und Gebeten begrüßt.

Nachdem die Glocke am 19. Juni mit einem Teleskopkran auf den Glockenboden gebracht und dort im Glockenstuhl aufgehängt worden war fand am 24. Juni 2000, dem Johannistag, um 19.30 Uhr die feierliche Glockenweihe statt.

Eine riesige Menschenmenge hatte sich dazu auf dem Kirchplatz eingefunden. Mit Spannung wurde der große Augenblick erwartet, in dem die neue „Jahrtausendglocke" zum ersten Mal ihre Stimme erhob. Nach einer kurzen Pause erklang dann zum ersten Mal nach 83 Jahren wieder das volle Geläut. Zuerst läutete die kleinste Glocke. Nacheinander fiel dann jeweils die nächst größere Glocke ein, bis schließlich die neue und größte Glocke mit ihrem tiefen f den bisher fehlenden Grundton erklingen ließ und das Geläut in seiner wunderbaren Schönheit zu hören war.

„Ganz toll" sei der Klang gewesen, sagte Christine Bachert, die aus Hamburg stammende Ehefrau von Firmenchef Albert Bachert, nach der ersten Klangprobe. Am 11. Juni 2000, dem 1. Pfingsttag, hat St. Michaelis das historische Ereignis der festlichen Glockeneinholung vom 27. Juni 1910 nachgespielt.

Damals war die Vorgängerin der neuen Glocke zusammen mit neun anderen mit 300m Girlanden geschmückten Glocken (insgesamt 6 Läuteglocken und 4 Uhrschlagglocken) in einer „Glockenkaravane" auf ihrem Weg vom damaligen Güterbahnhof zum Michel von vielen Tausend Hamburgern begleitet worden. Nach dem

Ein erhebender Augenblick! Nach dem Gottesdienst wurde das Johannisfeuer entzündet und das große Ereignis unter großer Beteiligung der Hamburger und vieler Gäste auf dem Kirchplatz gefeiert. Im Herbst 2005 bemerkte ein damals 15 Jahre alter Schüler, der das Geläut mit einem Tonband aufnehmen wollte, einen Missklang im Geläut. Eine Wartungsfirma, die mit der Untersuchung beauftragt wurde, entdeckte einen gut 30 Zentimeter langen Riss. Seit 2006 läutete die Glocke daher nicht mehr. Sie wurde 2008 durch eine neue Glocke ersetzt, die am Freitag, den 2. Mai 2008 in der inzwischen nach Karlsruhe umgezogenen Glockengießerei A. Bachert gegossen wurde.

Die Weihe, die für den Abend vor dem Michaelistag vorgesehen war, hatte sich verzögert, weil bei der Abnahme der Glocke im April auch die aus dem Jahre 1910 stammende „Gemeindeältestenglocke" aus dem Turm geholt und nach Karlsruhe transportiert wurde. Diese Glocke ist zwar unversehrt, aber die notwendige Reparatur ihrer Krone – die nur in einer Spezialwerkstatt vorgenommen werden hatte sich bis in den Spätherbst verzögert. Am 21. Dezember 2008 konnte die neue „Jahrtausendglocke" dann endlich geweiht werden.

Die Glocke ist mit dem Hamburg-Wappen und dem Erzengel Michael verziert. Dazu trägt sie die Inschrift aus Psalm 130:

„Aus der Tiefe rufe ich, Herr, zu dir, denn bei dir ist die Vergebung, dass man dich fürchte. – Denn tausend Jahre sind vor dir wie der Tag, der gestern vergangen ist."

Sie wiegt 9.040 Kilogramm und klingt mit ihrem Schlagton als „f". Die Glocke hat einen Durchmesser von 2.400 mm.

Mit der neu gegossenen „Jahrtausendglocke" ist das Geläut unserer Kirche bis auf zwei Uhrschlagglocken, die, wie alle anderen Glocken – ausgenommen die „Gemeindeältestenglocke" - im ersten Weltkrieg für Kriegszwecke abgegeben werden mussten, und bisher noch nicht ersetzt worden sind, wieder vollständig.

Die Orgeln der Kirche

1. große Kirche

Die 1. große Kirche hatte zuerst nur eine sehr kleine Orgel. Mit zunehmendem Wohlstand entstand der Wunsch nach einer repräsentativen Orgel, wie sie die anderen Hauptkirchen hatten. So erhielt St. Michaelis 1715 eine Orgel aus der bedeutenden Orgelwerkstatt von Arp Schnittger. Doch der Organist Lustig beschwerte sich sogleich über die ungewöhnlich schwere Spielart der Orgel und war nur gegen eine erhebliche Gehaltserhöhung von fast 43 v.H. zum Bleiben zu bewegen.

Das Werk hielt, wie es heißt, keinen Vergleich mit Orgeln der anderen Kirchen aus. Als 1718 für die Tochterkirche von St. Michaelis auf St. Pauli eine Orgel bestellt wurde, erhielt deshalb nicht Arp Schnittger, sondern Joachim Reinborn den Auftrag. Ab 1743 verhandelte die Gemeinde deshalb auch mit der Orgelbauwerkstatt Wagner über einen grundlegenden Umbau

Foto Seiten 106/107: Die Carl-Philipp-Emanuel-Bach-Orgel auf der Süd-empore

Foto Seite 108: Der Zentral-spieltisch. Auf diesem können die Große Orgel, die Marcussen-Orgel und das Fernwerk gespielt werden

der Orgel. Die Verhandlungen zogen sich aber hin und wurden schließlich durch die Katastrophe der Zerstörung der Kirche im Jahre 1750 hinfällig.

2. große Kirche

Die Orgel der 2. großen Kirche wurde von der Orgelbauwerkstatt Johann Gottfried Hildebrand gebaut. Johann Mattheson (Komponist, Schauspieler, Diplomat und bis 1728 Musikdirektor am Hamburger Dom, danach berufsunfähig wegen Taubheit) beschloss nach dem Tod seiner am 8. Februar 1753 verstorbenen Ehefrau Catharina, mit der er fast 44 Jahre in glücklicher Ehe gelebt hatte, in seiner Trauer der Kirche für ein besonders vollkommenes Orgelwerk 40.000 Mark Courant zu stiften. Im Juni 1753 wurde sein Entschluss testamentarisch verfügt.

Die Kirche räumte ihm dafür im Gruftgewölbe eine Grabstätte unterhalb der Kanzel ein. Danach erhöhte er die Schenkung noch einmal um 3.000 Mark Courant. Als sich später herausstellte, dass die tatsächlichen Kosten noch höher waren, gab er 1764 auch noch den Rest dazu und schenkte darüber hinaus der Kirche ein Glockenspiel mit 35 Glocken.

Bei der Einweihung am 19. Oktober 1762 war erst ein kleiner Teil der Orgel eingebaut. Erst 1770 war die Orgel endlich fertig. Johann Mattheson war es leider nicht vergönnt, seine Orgel zu hören. Er starb am 17. April 1764 im Alter von fast 85 Jahren, nur wenige Wochen nach seiner letzten Schenkung für die Orgel.

Die Orgel hatte 3 Manuale und Pedal mit 68 klingenden Registern und 4.945 Pfeifen und galt lange Zeit als eine der vollkommensten und besten Orgeln Deutschlands.

3. große Kirche

Am 3. Juli 1906 wurde die 2. große Kirche durch Feuer zerstört. Mit ihr wurde auch die von Mattheson gestiftete Orgel ein Raub der Flammen. Für die neue Kirche wurden die Mittel für die neue Orgel von der Dr. W. M. von Godeffroy Familien Fideikommiss-Stiftung zur Verfügung gestellt. Dabei wurde zur Bedingung gemacht, dass nur das beste Material verwandt werden und „Geld keine Rolle spielen" dürfe. So entstand die damals größte Kirchenorgel der Welt, erbaut von der Firma E. F. Walcker & Co. in Ludwigsburg. Die Orgel hatte 5 Manuale und Pedal mit 163 Registern einschließlich Fernwerk. Daneben erhielt die Kirche für Konzertaufführungen eine zweite Orgel mit 40 Registern auf der Nordempore, die von der Firma Marcussen & Sohn in Apenrade gebaut wurde. Die Orgel hatte zwei Manuale und Pedal mit 40 Registern.

Als die Kirche im März 1945 durch Bomben schwer beschädigt worden war, wurden die Orgeln ausgebaut und im Turm und Gruftgewölbe eingelagert. Die kleine Orgel wurde in den Jahren 1951 und 1952 auf der Nordempore wieder aufgebaut und auf 3 Manuale und Pedal mit 45 Registern erweitert. Die Arbeiten führte die Firma E. F. Walcker & Co.(Ludwigsburg) durch. Dabei wurden Teile der eingelagerten großen Orgel verarbeitet.

Die große Orgel wurde in den Jahren 1961 und 1962 durch eine neue Orgel der Firma G. F. Steinmeyer (Oettingen) ersetzt, die 5 Manuale und Pedal mit 68 Registern hat. Zu der Zeit gab es in der Fachwelt heftige Diskussionen darüber, ob die alte Orgel wirklich so schwer beschädigt gewesen ist, dass sich ihr Wiedereinbau, wie der damalige Orgelbausachverständige Friedrich Bihn behauptete, nicht lohne.

Vielmehr käme es einer Kulturschande gleich, würde man die alte Orgel von 1912 nicht original wieder einbauen. Sicher hat bei der Entscheidung auch eine Rolle gespielt, dass es sich bei der Orgel von 1912 um eine romantische Orgel gehandelt hat, die sich mit den klangfarblichen und dynamischen Ausdrucksformen an denen des sinfonischen Orchesters orientierte, was nach der damaligen Auffassung, geprägt durch die Orgelbewegung der Zwanziger Jahre des vorigen Jahrhunderts, scharf verurteilt wurde. Deshalb hat die neue Orgel auch kein Fernwerk erhalten.

Inzwischen ist mit großzügiger Unterstützung der Günter und Lieselotte Powalla Bunny`Stiftung die gesamte Orgelanlage der Kirche von den Firmen Johannes Klais Orgelbau GmbH & Co. KG (Bonn) und Freiburger Orgelbau

Felix-Mendelssohn-Bartholdy-Orgel (gespendet von einem Gemeindemitglied)

Hartwig und Tilmann Späth OHG (March-Hugstetten) renoviert und wieder durch ein Fernwerk erweitert worden. Die große Orgel, die Konzertorgel und das Fernwerk können nun alle auf einem Zentralspieltisch auf der Nordempore gespielt werden.

Außerdem erhielt die Kirche auf der Südempore eine zusätzliche Orgel, die Carl-Philipp-Emanuel-Bach-Orgel, mit zwei Manualen und Pedal und 13 Registern.

Lieselotte Powalla, die direkt unterhalb des Michels am Schaarmarkt

Das Ehepaar Lieselotte und Günter Powalla

aufgewachsen ist, hatte früher gern das Fernwerk gehört, das nach dem Krieg nicht wieder eingebaut worden ist. Ihr Wunsch war es nun, dass ihr Mann Günter Powalla am 27. Dezember 2010, seinem 90. Geburtstag, wieder das Fernwerk hören kann. Sie war deshalb bereit, die nötigen Mittel für die dafür erforderliche Restaurierung der

Hauptorgel und den Einbau des Fernwerks zu beschaffen. Allerdings stellte sich heraus, dass durch die in absehbarer Zeit nötige Renovierung des Kircheninnern die Orgeln durch den dadurch entstehenden Steinstaub usw. stark gelitten hätten. Es war deshalb sinnvoll, zunächst das Kircheninnere zu renovieren und danach die Änderungen an der Orgelanlage vorzunehmen. Frau Powalla besorgte daher über die Günter und Lieselotte Powalla Bunny Stiftung auch die dafür erforderlichen Mittel. Die Renovierung des Kircheninnern konnte Ende 2009 abgeschlossen werden und die Restaurierung der Orgelanlage und der Einbau des Fernwerks mit Einweihung der Carl-Philipp-Emanuel-Bach-Orgel am 1. Advent 2010. So konnte Günter Powalle an seinem 90. Geburtstag, wie es seine Frau gewünscht hatte, das Fernwerk hören. Leider war es ihr selbst nicht vergönnt, dabei zu sein, da sie schon Ostern 2010 überraschend verstorben ist.

Mit der Carl-Philipp-Emanuel-Bach-Orgel hat der Orgelbauer Tilmann Späth, gemeinsam mit seinem Vater Hartwig, dem Inhaber der Firma „Freiburger Orgelbau", ein Instrument geschaffen, das vor allem die Werke des zweiten Bachsohnes darstellbar macht, der im Gruftgewölbe unserer Kirche begraben ist. Mit einer Temperierung, die sich an historischen Instrumenten der Barockzeit orientiert, ist dieses Instrument vor allem für dezente, kammermusikalische Werke geschaffen worden.

Im Gruftgewölbe, wo während der Renovierung der Kirche die Gottesdienste stattfanden, befindet sich außerdem die Felix-Mendelssohn-Bartholdy-Orgel mit zwei Manualen und Pedal und 7 Registern.

Ruhe Kammer
Carl Philipp Emanu
Bach
Chori Musici Directoris für
und Seine Frau und Kinder na
den Letzten Thode in 15 Jahre
nicht zu eröfnen den 28.April Aᵒ178
Littra bb

Insgesamt wurden 268 Grabkammern von jeweils 4 Meter Tiefe gebaut. Hier haben unter anderen der Erbauer der Kirche Ernst Georg Sonnin, Carl Philipp Emauel Bach und Johann Mattheson ihre letzte Ruhe gefunden

Das Gruftgewölbe

Foto Seiten 112/113: Das Gruftgewölbe

Nachdem am 9. Juni 1757 entschieden worden war, den Raum unter der neuen großen St. Michaeliskirche wieder – wie vorher unter der am 10. März 1750 abgebrannten Vorgängerin – für die Anlage von Grabstellen zu nutzen, machte der Baumeister Sonnin dafür zwei Vorschläge. Der erste sah vor, dass der Unterraum der Kirche korridorartig aufgeteilt und mit Nischen versehen werden sollte, in die die Särge waagerecht eingeschoben werden konnten. Nach dem zweiten Vorschlag, für den man sich im Dezember 1757 entschied, wurden Grabkammern unterhalb eines unter der gesamten Fläche

Da gegenwärtig die Kirchen-Gräber in der Kleinen St. Michaelis-Kirche dergestalt mit Leichen angefüllet sind, daß nur noch wenige eingenommen werden können; hingegen in der Großen St. Michaelis-Kirche annoch viele vacante ledige Gräber vorhanden: Als haben die HErren Leichnams- und Kirch-Geschwornen dieser Kirchen, da sie es stets eine ihrer ersten Sorgen werden seyn lassen, dahin zu sehen, daß denen unter ihrer Aufsicht beerdigten Leichen, wenigstens die von Altersher christlöblich bestimmten 10 Ruhe-Jahre ungestört gegönnet werden, den Beschluß genommen: den Preiß des Erd- und Glockengeldes in beyden Kirchen solchergestalt zu reguliren und festzusetzen, daß eine hinführo in die Große Kirche in ein Kirchen- oder Leichnams-Grab zu beerdigende Leiche überhaupt nicht mehr als eine dergleichen Leiche in der Kleinen Kirche kosten wird. Man hoffet um so mehr, daß diese Einrichtung den gewünschten Beyfall finden werde, da nicht nur die Gräber der Großen Kirche bekanntlich vorzüglich schön und trocken sind, sondern man auch die gewisse Versicherung geben kann, daß in derselben die Leichen in denen Kirchen-Gräbern viel länger als 10 Jahre werden ruhen können. Anbey dienet auch zur freundlichen Nachricht, daß annoch Gräber, unterschiedlicher Größe, in der Großen St. Michaelis-Kirche, zu ganz billigen Preisen, zu kauff sind. Hamburg, den 27. April 1782.

Dokument zum Kauf von Grabstellen im Gruftkeller 1782

der Kirche ausgebauten Kellerraums angelegt. So erhielt unsere Kirche ihren einzigartigen Gruftkeller.

„Der Fußboden der Kirche ruhet auf sehr vielen kleinen steinernen Pfeilern, von mehr als Mannes Größe hoch, die Reihenweis, gleich als die Alleen gesetzet worden sind.

Zwischen denselben und bis an die Enden der Kirche sind eine große Menge Gräber gemauret, von denen sich die Familien Stellen aussuchen können. Die Fenster laufen rund um die Kirche bis an den Turm umher, und die allfältigen Dünste, die doch nicht einmal aufsteigen können, finden ihre bequeme Öffnung und ihren Ausgang, so daß die Lebendigen, die oben sind, nicht die geringste Unmächlichkeit besorgen dürfen. Alle Kenner bewundern dieses und ich lese sitzt, da ich dieses schreibe in der beliebten Wochenschrift

„Der Arzt" genannt, mit Vergnügen, *daß es auch hier angerühmet und gebilligt worden ist."*

Von Vorteil war es auch, dass es nun nicht mehr – wie in der alten Kirche, wo die Gräber unmittelbar unter dem Fußboden der Kirche angelegt waren – nötig war, bei Bestattungen einen Teil des Gestühls ab- und wieder aufzubauen. Im Jahre 1705 war es sogar vorgekommen, dass während des Gottesdienstes ein Grab einstürzte, wobei eine Frau schwer und zwei weitere Kirchenbesucher leicht verletzt worden sind. Insgesamt wurden 268 Grabkammern von jeweils 4 Meter Tiefe gebaut. Hier haben unter anderen der Erbauer der Kirche Ernst Georg Sonnin, Carl Philipp Emauel Bach und Johann Mattheson, der der neuen Kirche die Orgel gestiftet hat, ihre letzte Ruhe gefunden.

Die Gemeinde hatte gehofft, dass aus den Erträgen für den Verkauf der Grabkammern die Kosten für den Bau der Kirche weitgehend finanziert werden könnten. Diese Rechnung ging aus zwei Gründen jedoch nicht auf. Zwar waren die Scheidemauern schon 1762 fertiggestellt, aber wegen Krieg und anderer Ursachen konnten keine Sandsteine nach Hamburg geschafft werden, so dass erst 1770, also 8 Jahre nach der Einweihung der Kirche, die letzten Gräber mit Steinplatten bedeckt werden konnten.

Schon 42 Jahre später verlor die Gemeinde diese Einnahmequelle, weil mit Wirkung vom 1. Januar 1813 alle Bestattungen innerhalb der Stadt – also auch im Gruftgewölbe – verboten wurden. So konnten die gewaltigen Kosten für die Anlage schließlich nicht voll gedeckt werden.

Insgesamt sind die Namen von 2.145 Personen bekannt, die in den Grabkammern beigesetzt worden sind. Außerdem ist noch eine unbekannte Zahl von Verstorbenen in so genannten Bruderschaftsgräbern – u. a. auch unter den Kirchentreppen – bestattet worden. Die Grüfte unter den Kirchentreppen, und der um den Turm führenden unterirdische Gang, in dem Särge aus den Gräbern unter der 1750 abgebrannten Kirche abgestellt waren sowie einige von dem Löschwasser feucht gewordene Grabkammern mußten nach dem Brand der Kirche 1906 ausgeräumt werden. Die übrigen Grabkammern befinden sich noch in dem selben Zustand wie früher.

Im letzten Krieg diente der Gruftkeller als Luftschutzraum. Daran erinnern sich noch manche Neustädter, die dort bange Stunden verbracht haben. Manchmal haben über 2.000 Menschen im Gruftkeller Schutz gesucht.

Im ganzen Krieg ist aber niemand von ihnen zu Schaden gekommen, weil die Sprengbomben alle bereits beim Auftreffen auf das eiserne Dachgerüst oder im Altarraum, unter dem sich eine besondere Betondecke befindet, explodiert sind.

Nachdem die Kirche im März 1945 durch Sprengbomben schwer beschädigt und unbenutzbar geworden war, mußten dort vorübergehend auch die Gottesdienste gefeiert werden.

Inzwischen wurden die im Krieg eingezogenen Zwischenwände fast vollständig entfernt.

Als die Kirche während der Renovierungsarbeiten für Besucher gesperrt war, fanden hier die Gottesdienste statt.

Heute ist hier die Ausstellung „Michaelitica" über die Geschichte der Kirche untergebracht. Außerdem wird das Gruftgewölbe heute auch für besondere Veranstaltungen genutzt.

Krone,
ursprünglich
als Aufsatz auf
einem
Sargdeckel
befestigt
(um 1800)

Christusfigur
(ursprünglich
auf einem
Sargdeckel
befestigt,
um 1800)

Sargkarren, auf
dem die Särge
im Gruftgewölbe
transportiert
wurden

Foto Seiten
118/119:
(Sargdeckel)
Sargdeckelplatte
mit Original-
beschlägen
(um 1785)

Der Erbauer der
St. Michaelis-
Kirche:
Ernst Georg
Sonnin.
Medaillon an der
Südwestseite
der Kirche
(vergl. S. 124)

Ernst Georg Sonnin

Foto Seiten
120/121:
Genius,
der eine
Nachbildung
der Kirche im
Schoß hält
und Grabplatte
Sonnins
(vgl. S. 124)

Der Erbauer des von den Hamburgern als „Michel" geliebten Wahrzeichens unserer Stadt, kam am 10. Juni 1713 in Quitzow bei Perleberg in der Priegnitz zur Welt. Nach dem frühen Tod des Vaters nahm der Rektor Johann Kruse, ein Freund der Familie, den damals Zwölfjährigen zu sich nach Altona, um die Witwe, die acht Kinder zu versorgen hatte, zu entlasten.

Nach dem Studium der Theologie, der Philosophie und Mathematik in Halle und Jena ging Sonnin als Privatlehrer für Latein und Mathematik nach Hamburg. Mit dem dadurch verdienten Geld richtete er bald eine feinmechanische Werkstatt ein, in der er Wasser- und Pendeluhren, Erd- und Himmelskugeln, Nivelliermaschinen und ähnliches herstellte. Berühmt wurde ein von ihm erfundener Theodolit, der sich in einem Spazierstock unterbringen ließ.

Nachdem die erste große St. Michaeliskirche am 10. März 1750 durch einen Blitzschlag vollständig niedergebrannt war, beschloß das Kirchenkollegium, dass der „als berühmter Hamburger Architekt" bekannte Baumeister Johann Leonhard Prey und Ernst Georg Sonnin „conjunctim miteinander" den Wiederaufbau der Kirche ausführen sollten, da man glaubte, daß die akademischen Kenntnisse des einen durch die praktischen Erfahrungen des anderen nutzbringend ergänzt werden könnten.

Durch Los wurde zunächst entschieden, dass bei Meinungsverschiedenheiten der beiden Baumeister, die Stimme Preys maßgebend sein sollte. Da Sonnin damit jedoch nicht einverstanden war, einigte man sich darauf, dass jeder von beiden abwechselnd jeweils für eine Woche das Vorstimmrecht und die Aufsicht über den Bau haben sollte, eine Regelung, die sich als Quelle zahlreicher Verdrießlichkeiten erwies und den Fortschritt des Baus erheblich behinderte.

Am 1. Dezember 1757 starb Prey kurz vor Vollendung des Kirchendachs. Sonnin führte den Bau danach alleine fort. Der erst 15 Jahre nach der Kirchweihe begonnene und 1786 vollendete Bau des Turmes ist allein sein Werk.

Sonnin hat sich während der ganzen Bauzeit immer wieder besonders durch kostensparende Erfindungen und Einrichtungen um die technische Seite des Neubaus verdient gemacht. Besonders bemerkenswert ist, dass er den Turmbau ohne jedes Gerüst ausgeführt hat. Eine von ihm konstruierte drehbare Auslegewinde, die durch ein Pferdegöpel angetrieben wurde, diente für den Trans-

Diese Grabtafel erinnert an Ernst Georg Sonnin und befindet sich im Gruftgewölbe der Kirche

Ernst Georg
SONNIN
Baumeister
der
St. Michaelis Kirche
geb. 10. Juni 1713
zu Quitzow
gest. 8. Juli 1794
zu Hamburg

Am Nordostende des Gruftgewölbes der St. Michaelis Kirche liegt die Grabstätte des Baumeisters Ernst Georg Sonnin. Seinem Wunsch gemäss war sie ursprünglich ohne jede Bereicherung. Erst 1862 wurde der Stein geschmückt mit der zur 100 Jahr Feier geprägten Denkmünze. Diese war aber gelegentlich Beschädigungen ausgesetzt und wurde: obschon nur aus Bronze zeitlich gestohlen.

Erst beim Neubau nach dem verhängnisvollen Brand der Kirche vom 3. Juli 1906 hat der Stein die Inschrift erhalten, die der Nachwelt das Andenken an den grossen Baumeister für alle Zeiten sichern soll.

gez.
Julius Faulwasser
Okt. 1931.

port der Hölzer auf den Turmschaft. Dabei benutzte er für die Verständigung zwischen den Arbeitern am Göpel und den Arbeitern auf dem Turm ein selbst gebautes Sprachrohr.

Seine besondere technische Begabung bewies er aber auch bei anderen Gelegenheiten. Als sich z.B. 1759 die Spitze des etwa 100 Jahre vorher von Peter Marquard gebauten Turmes der Nikolaikirche um 1,70 Meter geneigt hatte, hielt jedermann eine künstliche Bewegung der gewaltigen Turmspitze für unmöglich.

Sonnin gelang dies ohne jeden Zwischenfall. Weil er aber nicht alle Mitglieder des Kirchenkollegiums vorher über den Zeitpunkt der

der Arbeit unterrichtet hatte, warf man ihm vor, dass er wegen des von ihm gesehenen großen Risikos die Geraderichtung heimlich vorgenommen habe. Sonnin war darüber sehr verärgert und lud seine Kritiker dazu ein, ihnen die Geraderichtung noch einmal vorzuführen. Zu einem vorher bekannt gegebenen Zeitpunkt brachte er dann tatsächlich die Turmspitze wieder in die vorherige Schieflage und richtete sie danach wieder auf.

Auch am Turm des Doms und der Katharinenkirche gelangen Sonnin ähnliche Maßnahmen. Bekannt wurde er weiter als Stadt- und Salinenbaumeister in Lüneburg und durch zahlreiche Gutachten und Projekte des Wasser- und Mühlenbaus. Bleibenden Ruhm errang sich Sonnin aber auch durch seine gemeinnützige Tätigkeit und Opferfreudigkeit. Mit der Gründung der Patriotischen Gesellschaft im Jahre 1765 ist sein Name untrennbar verbunden.

Am 8. Juli 1794, starb Ernst Georg Sonnin im Alter von 81 Jahren. Wunschgemäß wurde er in dem von ihm geschaffenen einzigartigen Gruftgewölbe von St. Michaelis beigesetzt. In seiner anspruchslosen Weise hatte er bestimmt, dass der Stein, unter dem er ruht, nicht einmal seinen Namen tragen sollte. Bei der Hundertjahrfeier der Kirche im Jahre 1862 schmückte man das Grab mit der aus diesem Anlaß geprägten Gedenkmedaille, die jedoch später gestohlen wurde. Erst nach dem Brand der Kirche am 3. Juli 1906 erhielt die Grabplatte die jetzige Inschrift.

An der Südwestseite der Kirche erinnert ein Medaillon an den großen Mann unserer Stadt. Es befand sich ursprünglich an einer Stele, die einen Genius trug, der eine Nachbildung der Kirche im Schoß hielt. Die Stele gehörte zu einem 1912 von der Patriotischen Gesellschaft gestifteten Denkmal in einer Ehrenhalle neben dem Pastorat auf dem Kirchplatz. Nach der Zerstörung der Ehrenhalle im letzten Krieg ließ die Patriotische Gesellschaft das Medaillon restaurieren und an der Kirchenmauer anbringen. Die nur leicht beschädigte Figur befindet sich in der Ausstellung im Gruftgewölbe der Kirche.

Händel-Aufführung 1841 in St. Michaelis

Grab-Brief der Kirche St. Michaelis.

Wir die Unterzeichneten der Zeit Jahrverwaltende Vorsteher der Kirche St. Michaelis haben mit Zustimmung der Herren Gemeinde-Aeltesten am *18 September* *Theodor Wilhelm Antoni Wichmann nebst Frau Caroline Agathe Margaretha nunm. Müttel geb Meyer nebst Kindern, und Kinder 1. Ehe, so wie den Ehemann 1. Ehe Johann Heinrich Meyer und dessen verstorbenen Ehefrau*

ein Grab auf dem St. Michaelis Begräbnißplatze vor dem Dammthore bezeichnet *Eilfter* Theil № *351.* Zehn Fuß lang und *zehn* Fuß breit mit *fünf und zwanzig* Ruhejahren nach dem Tode des Längstlebenden der Berechtigten für die Summe von Courant Mark *Ein Hundert* verkauft.

Der Käufer so wie die zu diesem Grabe Berechtigten sind auf die, de Ersteren behändigte St. Michaelis Kirchhofs-Ordnung verpflichtet und haben sich aller und jeder Einrede dagegen begeben.

Vor Ablauf der obenerwähnten *25* Ruhejahre haben die nächsten Erben sich bei dem derzeitigen verwaltenden Herrn Vorsteher zu melden, wenn sie diesen Platz wieder ankaufen wollen und haben dann bei gleichen Bedingungen das Vorkaufsrecht.

Der Empfang der Kaufsumme von Crt. ₰ *100.—* nebst *2 ₰ 8 ₰* als Gottespfennig, wird unter Beifügung des Kirchensiegels hiemit bescheinigt.

Hamburg, den *18. September 1872.*

C. S. F. Möhring

Jacob B.

Begräbnißbuch *F.* Fol. *63.*   Copiebuch *D* Fol. *662*

Begräbnisplätze der Gemeinde

Neben den Friedhöfen, die um die kleine und um die große Kirche angelegt waren, befanden sich in beiden Kirchen Grabkammern. Obwohl diese für die Kirche eine wichtige Einnahmequelle darstellten, kam es vor, dass die Gemeinde in Einzelfällen Bestattungen unter der Kirche verweigerte.

Am 23. März 1676 starb, wie Adelungk berichtet, *„zu Hamburg der gewesene Schwedische Feld-Marschall Paul Wurtz nach dem er einige Monate kranck darnieder gelegen."*

Wurtz hatte der Gemeinde St. Michaelis testamentarisch ein Legat vermacht und sich gewünscht, in einer Grabkammer der Kirche beerdigt zu werden. Die Geistlichen der Gemeinde lehnten dies jedoch ab, weil er zu seinen Lebzeiten nichts vom Kirchengehen und von den Sakramenten gehalten und überdies eine „calvinistische Konkubine" gehabt habe, die er samt ihren zwei Kindern zu seinem Universalerben eingesetzt hatte.

Man hat ihn schließlich am 4. April 1676 in der 1805 abgerissenen Domkirche beigesetzt. Dazu muß erwähnt werden, dass der Dom damals exterritoriales Gebiet war und von den Hamburgern als „Pfahl im Fleisch" empfunden wurde. Er blieb nach der Reformation als ehemalige Bischofskirche zunächst dem Domkapitel von

Bremen unterstellt, das seinerseits wiederum unter schwedische und später unter englische Oberhoheit geriet. Den Hamburgern passte es natürlich nicht, dass es innerhalb ihrer Mauern einen Bezirk gab, der einer ausländischen Macht unterstand. Es gab deshalb immer wieder Streit mit dem Domkapitel und als der Dom 1803 endlich hamburgisch geworden war, rissen die Hamburger ihn sofort ab, weil er angeblich baufällig gewesen sein soll.

Die Domherren dachten über Wurtz sicher genauso wie die Geistlichen von St. Michaelis. Wenn sie ihn trotzdem in ihrer Kirche beigesetzt haben, ist dies sicher nur mit der oben beschriebenen Situation zu erklären. Dafür spricht auch, dass sie – wie berichtet wird – Wurtz zum Hohn die Grabschrift gesetzt haben sollen:

„Er hat gelebet ohne Frau und ist gestorben wie eine Sau."

Heute erscheint dies kaum glaubhaft, aber nach dem 30jährigen Krieg waren die Sitten offenbar so derb, dass die Geistlichkeit „nicht anders handeln und sprechen durfte, wie es sie eben tat, wenn sie überhaupt noch auf das auch in Hamburg durch die langen Kriegsjahre verwilderte Volk einwirken wollte." (Dr. Obst: Aus Hamburgs Lehrjahren).

Da es wegen der steigenden Einwohnerzahl mehr und mehr an Grabplätzen mangelte, waren die Ruhezeiten oft so kurz, dass die Bewohner der umliegenden Häuser, wie Faulwasser berichtet, nur mit Schaudern ansehen konnten, wie der Totengräber die Gräber reinigte. 1788 strengte man einen Prozeß gegen den Totengräber Bundt an, weil er angeblich nicht immer die vorgeschriebene Ruhe-

zeit eingehalten habe. Er konnte aber nachweisen, dass keine Gräber vor der Verfallzeit geöffnet worden sind und die oft neu aussehenden Särge aus Eichenholz waren, die in der Erde überhaupt nicht verwesten. So wurde er freigesprochen und die Kirche musste ihm seine Kosten ersetzen. Die Sargbretter aber verkaufte er dann an die umliegenden Tischler, die daraus Möbel fertigten.

Ende des 18. Jahrhunderts wurden dann für alle fünf Hauptkirchen neue Friedhöfe mit Kapellen vor dem Dammtor angelegt. Die Bevölkerung tat sich aber schwer, ihre Ruhestätte außerhalb der Stadt zu nehmen. Von 1.247 Beerdigungen, die von April 1800 bis März 1801 im Leichenregister von St. Michaelis eingetragen wurden, fanden nur 19 auf dem Friedhof vor dem Dammtor statt. Von den 19 Toten waren nur 2 Erwachsene aus Hamburg, 10 waren Kinder. Die restlichen 7 kamen nicht aus Hamburg. Wahrscheinlich hatten diese kein Anrecht auf eine Grabstätte innerhalb der Stadt weil sie zugezogen waren oder nach Hamburg geheiratet hatten.

Ab 1813 wurden dann von der damaligen französischen Besatzungsmacht alle Bestattungen innerhalb der Stadt – egal, ob in Kirchen oder auf Friedhöfen – verboten.

Seitdem fanden alle Beerdigungen auf den Friedhöfen vor dem Dammtor statt bis Ende des 19. Jahrhunderts der neue Zentralfriedhof in Ohlsdorf angelegt wurde. In den dreißiger Jahren wurden die Friedhöfe vor dem Dammtor aufgehoben. Heute befindet sich dort das Messegelände. An die Friedhöfe erinnert nur noch der Straßenname: „Bei den Kirchhöfen."

Verzeichnis

der in dem Familiengrabe de _Th. Wilh. Ant. Wichmann nebst Frau_

geb. Meyer u. Kinder und Kinder 1. Ehe, sowie Frau u. 1. Ehe Joh.

Heinr. Meyer u. Carl. Eheru.

auf dem _N. Michaelis_ Begräbnisplatz, bezeichnet

11ter Theil N° 351 u/10 beerdigten Leichen:

Laufende Nr.	Der Beerdigten			Datum der Beerdigung	Bemerkungen
	Familienname	Vornamen	Alter		
1	Müttel	Anton August	48 J 8 M	7/10 1865	im September 1872 aus H. A. Müttels Grab 10. Theil 292
2	Wichmann	Agnes Alma	8 M	15/7 1871	hier
3	Meyer geb. Oeding	Joh. Cath. Elisab.	66 J	6/8 1872	beigesetzt
4	Meyer	Johann Heinrich	72 J	29/1 1875	
5	Meyer	Georg Wilh. Martin	35 J	3/6 1878	
6	Wichmann	Theodor Wilhelm Anton	46 J 11 M	20/6 1892	
7	Wichmann	Otto	1 J 5 M	15/1 1897	beigesetzt N. Nikolai
8	Wichmann	Caroline Agathe Marg.	67 J 7 M	4/3 1902	
	Sophie u. Müttel geb. Meyer				

Hamburg, den _11. Dezember_ 19_19_

Kirchensiegel

Unterschrift des Kirchenbeamten:

H. Panzer.

128

Georg Haccius
als erster
Hauptpastor
von
St. Michaelis

Johann
Winckler

Von St. Michaelis um 1700 und einem „Torno"

Im März 1680 wurde Georg Haccius als erster Hauptpastor von St. Michaelis eingeführt. Er war zuvor Pastor an der St. Marien-Magdalenenkirche in Hamburg sowie am „Spinn- und Zuchthaus", das er am 27. Januar 1670 eingeweiht hatte. Dies war dem 1620 gegründeten „Werk- und Zuchthaus" angegliedert, das die „freiwilligen Armen" aufnehmen sollte, die keine Arbeit finden. Man wollte hier „arbeitsscheue Bettler, Trunkenbolde und andere freche, geile, gottlose Personen durch Arbeit züchtigen." Das Spinnhaus diente zur Aufnahme von kleinkriminellen und sog. verwahrlosten Frauen und Prostituierten gegen die die Hamburger Justiz übrigens außerordentlich hart vorging.

Am 24. August 1682 weihte Haccius die St. Paulikirche auf dem Hamburger Berg als erste Filialkirche des Michels ein. Am Hamburger Berg gab es damals eine Ölmühle, Trankochereien, Reeper (Seilmacher) und etwa 2000 Bewohner. Haccius starb schon 1684.

In seiner 30jährigen Ehe mit Katharina Elisabeth Heise wurden ihm 16 Kinder geboren. Die rechtliche Gleichstellung von St. Michaelis mit den anderen Hauptkirchen am 11. Mai 1785 hat er leider nicht mehr erlebt. Zu seinem Nachfolger wurde 1684 der aus Sachsen stammende Johann Winckler gewählt, der die erste deutsche Bibelgesellschaft stiftete.

Winckler gründete auch die Winckler sche Armenschule. Wie es heißt, sollen seinen Predigten manchmal mehr als 4000 Besucher zugehört haben. Kummer bereitete ihm Johann Friedrich Mayer, der Hauptpastor von St. Jacobi, mit dem er – unterstützt von den Hauptpastoren von St. Nikolai und St. Katharinen – heftig über die Zulässigkeit von pietistischen Konventikeln (Bibelstunden) stritt. Der Streit wurde zum Teil auch in der Bürgerschaft ausgetragen und führte sogar zu einer Straßenschlacht bei St. Katharinen. Unter seinem Einfluss kam es zu einer Reform der Liturgie und zur Einführung eines neuen Gesangbuches. Er engagierte sich aber auch für ein Verbot von Opernaufführungen. Johann Winckler starb am Palmsonntag 1705.

Nachfolger wurde 1706 Peter Theodor Seelmann. Seine Familie war 1671 wegen der Verfolgung evangelischer Stände aus Ungarn nach Sachsen geflohen. Er war zuletzt Pastor an der Kirche zum Heiligen Geist in Magdeburg. Im Jahre 1714 erhielt die Kirche eine neue Orgel aus der Orgelbauwerkstatt von Arp Schnitger.

Seelmann muss sehr musikinteressiert gewesen sein. Wie es heißt, schenkte die Gemeinde von St. Michaelis ihm das Positiv der alten Orgel, während der übrige Teil der alten Orgel in der Kleinen St. Michaeliskirche eingebaut wurde. Nach einer 24jährigen Amtsperiode starb Seelmann im Jahre 1730. Nach seinem Heimgang wurde zum letzten Mal die damalige Sitte geübt, für den neuen Hauptpastor das Pastorat neu zu möblieren und die Speisekammer reichlich mit Vorräten auszustatten. Während seiner Amtszeit, am 13. September 1709, erließ der Hamburger Rat übrigens ein Mandat über einen sog. „Torno".

Dies war eine Drehlade am Waisenhaus, das am Rödingsmarkt stand. Über diese Drehlade konnten unehelich geborene Kinder abgelegt werden. Der aus den Niederlanden stammende Bürger Jobst von Overbeck hatte dafür 50.000 Mark banco zur Verfügung gestellt, weil immer mehr Frauen ihren unerwünschten Nachwuchs töteten. Der „Torno" wurde reichlich genutzt. Nach einem halben Jahr gab es schon mehr als 200 „Torno-Kinder". Jedes Jahr kamen bis zu 150 Kinder hinzu. Da die Existenz des Waisenhaus sonst gefährdet gewesen wäre, wurde der „Torno" schon 1714 wieder abgebaut.

Bronzetafel der „Cassa der Stück von Achten" im Durchgang von der Kirche zum Turm der 1906 abgebrannten Kirche

Von „Achten Cassa" und einem berühmten Kirchenvorsteher des Michels

Im Gruftgewölbe unserer Kirche findet man neben den Gräbern für Privatpersonen auch Gräber der Bruderschaften und Ämter. Unter der Bruderschaft der Ewerführer, der Kleinuhrmacher, dem Amt der Kramer, zur Not auch unter dem Amt der Knochenhauer (war die Fleischergilde) kann man sich ja etwas vorstellen, wohl aber kaum unter dem Namen „Achten Cassa", der auf mehreren Gräbern steht. Diese Bezeichnung finden wir auf den Ämtergräbern der 1622 gegründeten „Cassa der Stück von Achten". Schiffskapitäne und Steuerleute, die Mitglieder der Kasse waren, zahlten vor jeder Reise einen bestimmten Betrag an die Kasse. Falls die Seeleute auf der Reise von nordafrikanischen Piraten gefangen genommen und als Sklaven verschleppt werden sollten, stellte die Kasse das Lösegeld für den Freikauf zur Verfügung. Dies geschah alles in der in Kastilien gebräuchlichen Währung in „Pesos zu acht Realen", daher der Name der Kasse. Allerdings war die Mitgliedschaft für die meisten Seeleute unerschwinglich. Schon im Jahre 1624 wurde deshalb eine Sklavenkasse gegründet, an die alle Seeleute, die auf Hamburger Schiffen fuhren, vor jeder Reise einen bestimmten Betrag, der nach dem Rang bemessen war und von der Heuer abgezogen wurde, zahlen mussten. Da die Einnahmen der Sklavenkasse nicht ausreichten, wurden auf Beschluss von Rat und Bürgerschaft im Einvernehmen mit den Pastoren an den Eingängen zu den Kirchen Sammelbecken und kleine geschnitzte und bemalte Sklavenfiguren, teils in bittender Gebärde, aufgestellt, die die Kirchgänger zu Spenden anregen sollten. Außerdem wurden dafür in den Kirchen regelmäßig „Sklavenkollekten" eingesammelt.

Im Jahre 1623 wurde die Hamburger Admiralität gegründet. Eine ihrer Hauptaufgaben war, die Hamburger Seeleute vor den Gefahren der Piraterie zu schützen. Dafür stellte sie stark bewaffnete Konvoischiffe zur Verfügung, die die im Konvoi segelnden Handelsschiffe auf ihren Fahrten begleiten und vor den Seeräubern schützen sollten. Einer der berühmtesten und erfolgreichsten Kapitäne eines solchen Konvoischiffes war der Admiral Berend Jacobsen Karpfanger, ein Mitglied der St. Michaelisgemeinde, der sich besonders auch für den Bau der ersten großen Kirche eingesetzt hat.

131

Hamburg
um 1900

Karpfanger wurde im Jahre 1622 als Sohn eines hamburgischen, aus den Niederlanden eingewanderten Kapitäns geboren und am 22. November 1622 in St. Katharinen getauft. Nachdem im Jahre 1653 seine erste Frau Maria gestorben war, heiratete er am 27. Februar 1655 die damals erst 15 Jahre alte Anna Harmsen und zog in das Kirchspiel St. Michaelis um.

Im Jahre 1668 und nochmals im Jahre 1672 wurde er zum Deputierten gewählt, der für die Verwaltung der Kirchengemeinde von St. Michaelis zuständig war, gewählt und gehörte damit zu den Kirchgeschworenen von St. Michaelis. Unter seiner Verwaltung wurde der Turm der ersten großen Kirche gebaut, der 1669 fertig war. Schon als junger Mensch beglei-

tete Karpfanger seinen Vater auf dessen Fahrten. Später fuhr er sieben Jahre lang unter dem berühmten niederländischen Admiral Michiel de Ruytern nach Brasilien und Westindien. Nach dem Tod seines Vaters kehrte er nach Hamburg zurück und übernahm dessen Schiff für Fahrten in die Karibische See, nach Westafrika und ins Mittelmeer. Mit 32 Jahren wurde Karpfanger in die Admiralität berufen.

Im Jahre 1668 erhielt Hamburg mit der Fregatte „Leopoldus Primus" das erste deutsche Kriegsschiff. Diese und die 1669 fertiggestellte „Wapen" von Hamburg" begleiteten mit jeweils 54 Kanonen bestückt und mindestens 150 Mann Besatzung die 20 bis 50 Handelsschiffe umfassenden Konvois zum

Schutz vor Seeräubern auf ihren Reisen. Als 1674 der Kapitän der „Leopoldus Primus" starb, übertrug der Rat Karpfanger das Kommando und ernannte ihn zum Admiral. Seine Fahrten waren außerordentlich erfolgreich. Kein Schiff ging unter seinem Kommando verloren.

Im Jahre 1681 übernahm er das zweite Kriegsschiff, die „Wapen von Hamburg". Als er am 10. Okto-

Admiral Berend Jacobsen Karpfanger, ein Mitglied der St. Michaelisgemeinde

ger selbst den Tod. Er blieb so auch in dieser Situation seinem Eid, den er bei der Amtsübernahme geschworen hatte, treu:

„Ich will bei der meiner Admiralschaft anvertrauten Flotte mannhaft stehen und eher Gut und Blut, Leib und Leben opfern, als sie oder mein Schiff verlassen".

Der Spanische König Karl II. ließ zu seinen Ehren über seinem Grab ein Denkmal errichten, das später allerdings von französischen Besatzungssoldaten entfernt wurde, weil der Platz für militärische Zwecke genutzt werden sollte.

In Hamburg erinnert ein Denkmal an der Kersten-Miles-Brücke an den großen Seehelden.

ber 1683 mit dem Schiff im Hafen von Cadiz lag, brach Feuer aus. Selbst als die Rettungsmaßnahmen völlig aussichtslos waren, weigerte er sich noch, den Bitten der Mannschaft und seines Sohnes nachzukommen, das Schiff zu verlassen. Das Feuer erreichte die Pulverkammer und das Schiff explodierte. Von der 220 Mann starken Besatzung fanden 64 und Karpfan-

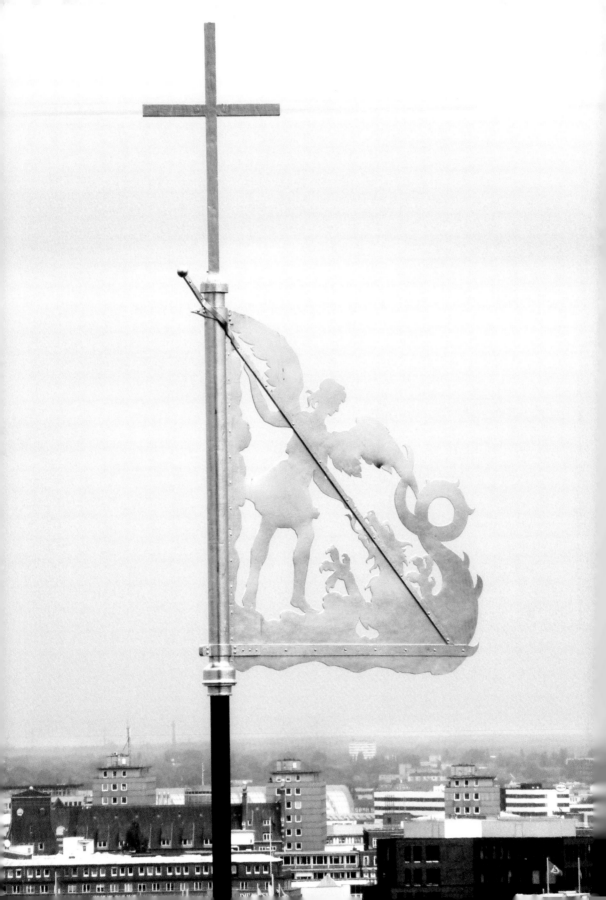

„Gottes Segen über Hamburg", Glasbild über dem Haupteingang von Prof. August Vogel. Das Symbol einer Taube überstrahlt mit dem davon ausgehendem Lichtkegel die an seinen Türmen erkennbare Stadt Hamburg mit einem im Hafen liegendem Segelschiff, flankiert von zwei Engeln

Foto Seite 134:
Wetterfahne auf dem Kirchendach mit
dem Erzengel Michael im Kampf mit
dem Bösen

Foto Seite 135:
Glasbild in der Sakristei aus den 20er
Jahren des vorigen Jahrhunderts mit der
Inschrift: „Ich bin gekommen, ein Feuer
anzuzünden"

Christine peut donner des Loix
Aux Cœurs des Vainqueurs les plus braues,
Mais la Terre a t'elle des Rois
Qui soient dignes d'en estre Esclaues?
De Foederi.

Königin Christines letztes Fest am Krayenkamp

Am Haus Krayenkamp 16 befindet sich eine Tafel, die an ein Ereignis erinnert, das sich dort in unmittelbarer Nähe der St. Michaeliskirche im Juli 1667 zugetragen hat. Hier besaß die Königin Christine von Schweden ein Haus, in dem sie bei ihren häufigen Besuchen in Hamburg wohnte.

Christine war die Tochter von König Gustav Adolf, der im Jahr 1630 aus Sorge um die schwedische Herrschaft an der Ostsee und zur Rettung des Protestantismus in den seit 1618 tobenden Dreißigjährigen Krieg eingegriffen hatte. Als König Gustav Adolf am 16. No-

vember 1632 in der Schlacht bei Lützen gefallen war, wurde die damals sechsjährige Christine seine Nachfolgerin auf dem Schwedenthron. Im Jahre 1654 dankte sie zugunsten ihres Vetters Karl-Gustav von Pfalz-Zweibrücken ab und trat ein Jahr später zum katholischen Glauben über. Christine, die sich bei ihrer Abdankung ihre Souveränität als Königin und reiche Einkünfte gesichert hatte, verließ Schweden und reiste über Wismar nach Hamburg, blieb 14 Tage und reiste dann über Holland nach Italien weiter, wo sie bis zu ihrem Tod im Jahre 1689 lebte.

Christine hat Hamburg auch nach ihrer Abdankung mehrmals besucht und entfaltete dabei immer großen gesellschaftlichen Glanz. Sie erregte aber auch oft Unwillen und Ärger, z.B. weil sie in Männerkleidern durch die Stadt lief oder im Jahre 1654 bei einem zu ihren Ehren in St. Petri abgehaltenen Festgottesdienst, zu dem sie in einer „schwartzen Sammitten von Gold und Silber ausgestickten Carette, woran 6 schöne gelbweisse Pferde zogen," vorgefahren war, während der Predigt in einem Buch las und mit ihrem Hündchen spielte. Anfang 1667 kam Christine wieder einmal nach Hamburg und gab am 13. Februar in der Fuhlentwiete ein großes Banquett *„worbey sonderliche Baletten getantzet wurden".*

Als sie im April ihre schwedische Heimat besuchen wollte, verweigerte man ihr an der Grenze die Einreise, weil katholische Geistliche zu ihrem Gefolge gehörten. So kehrte sie bald wieder nach Hamburg zurück.Die Wahl von Papst Clemens IX. nahm sie zum Anlass, am 16. Juli 1667 wieder einmal zu einem großen Fest in ihr Haus am Krayenkamp einzuladen. Alle fremden Gesandten waren gekommen. Trotz großer Bedenken – in dem streng lutherischen Hamburg gab es damals keine Glaubensfreiheit – hatten auch die Ratsherren und die Oberalten die Einladung angenommen und waren zu der Feier gekommen.

Vor dem Hause hatte Christine – wie auch von anderen Festen in der damaligen Zeit berichtet wird – einen doppelten Springbrunnen bauen lassen, aus dem weißer und roter Wein sprudelte. Der Geschichtsschreiber Adelungk berichtet plastisch, wie die vor dem Haus versammelte Menge dem Wein reichlich zusprach und sich *„der gemeine Mann dabey so voll soff, daß bald hie bald dort einer lag als wehre er todt.“*

Am Giebel des von 60 Wachslampen erleuchteten Hauses ließ Christine in der Dämmerung eine von 600 Lampen gebildete lateinische Schrift aufleuchten und bald sprach sich herum, was die lateinischen Worte bedeuteten: „Es lebe Papst Clemens IX.“

Zuerst gab es Buhrufe und bald flogen die ersten Steine gegen das das Haus. Christine ließ die Lampen löschen, aber die alkoholisierte Menge begann das Haus zu stürmen. Da eröffneten trotz des Verbotes der Königin die Diener das Feuer und töteten mehrere Menschen. Sämtliche Fenster des Hauses gingen durch fliegende Steine zu Bruch. Auch die Bauhütte der Kirche, die wegen des Turmbaus etwa da gestanden haben muß, wo sich heute das Pastorat des Hauptpastors von St. Michaelis befindet, wurde bei dem Trubel so stark demoliert, dass später allein für die Dachreparatur 100 Pfannen ersetzt werden mussten.

Als der Pöbel versuchte, das Haus anzuzünden, konnte das anrückende Militär das Schlimmste verhüten. Die Königin und ihr Gefolge entkamen mit Mühe und Not über den Hinterhof durch eine Pforte, die noch viele Jahrzehnte „Christinenpförtchen“ genannt wurde, und flohen durch den großen Bäckergang zum Speersort in die schwedische Botschaft.

Am nächsten Tag entschuldigte sich der Rat der Stadt bei der Königin und ließ durch Trommelschlag verkünden, dass es *„bey Leib- und Lebens-Straff“* verboten sei, sich an der Königin zu vergreifen.

Christine stiftete 2000 Reichstaler für die Verwundeten und für die Angehörigen der Toten, verließ Hamburg und hat es nie wieder betreten.

Die zerstörte Kaiserliche Gesandtschaft

Die Zerstörung der Kaiserlichen Gesandtschaft

Seit Mitte des 17. Jahrhunderts war die Kaiserliche Gesandtschaft in drei zweigeschossigen Häusern am Krayenkamp in unmittelbarer Nähe der Michaeliskirche untergebracht. Da in Hamburg seit der Reformation die Religionsausübung in der Öffentlichkeit ausschließlich den evangelisch-lutherischen Christen erlaubt war, trafen sich die wenigen Katholiken regelmäßig in der Kaiserlichen Gesandtschaft, um dort die Messe in der in einem Zimmer eingerichteten Kapelle zu feiern.

Am 7. Januar 1713 rückten die Schweden in das dänische Altona ein und weil die Dänen zuvor Stade verwüstet hatten, ließ der schwedische Heerführer Magnus Graf Steenbock die Stadt Altona kurzerhand niederbrennen. Dabei wurde auch die katholische Kirche in Altona ein Raub der Flammen. Ihre Gemeinde kam deshalb jetzt auch zur Messe in die Kaiserliche Gesandtschaft, deren Kapelle dafür aber zu klein war. Der Kaiserliche Gesandte ließ deshalb im Jahre 1718 in einem Hofflügel der Gesandtschaft eine größere Kapelle bauen.

Die Bauarbeiten wurden von der Bevölkerung der Neustadt mit Interesse verfolgt und bald verbreitete sich das Gerücht, dass für die Katholiken eine richtige Kirche gebaut werden solle. Wegen der zahlreichen Proteste verkündete der Rat, dass es seit dem Westfälischen Frieden von 1648 zwar Gewissensfreiheit gäbe, katholische

Gottesdienste in der Stadt aber weiterhin nicht öffentlich gefeiert werden dürften.

Damit gaben sich die Menschen der Neustadt aber nicht zufrieden. Die Proteste gegen den Bau der Kapelle wurden vielmehr immer heftiger. Am Sonntag, dem 10. September 1719 hatten Soldaten, die wegen der gereizten Stimmung auf dem Kirchplatz von St. Michaelis patrouillierten, schon am frühen Morgen versucht, Jugendliche daran zu hindern, Steine gegen die Gesandtschaft zu werfen. Sie sahen sich aber bald genötigt, von der Wache Verstärkung anzufordern, weil immer mehr wütende Menschen auf den Kirchplatz drängten.

Als dann nach Ende des Frühgottesdienstes die Gottesdienstbesucher aus der Kirche kamen, waren die Türen der Gesandtschaftskapelle weit geöffnet und alle konnten sehen, wie die Priester am erleuchteten Altar die Messe zelebrierten.

Das wegen des Kapellenbaus ohnehin gereizte Volk sah sich durch die während der Messe weit geöffneten Türen provoziert. Eine Menge junger Leute riss die Planken nieder, dann stürmte der Pöbel die Kapelle und zerstörte sie in sinnloser Wut. Bevor das vom Rat zusammengerufene Bürgermilitär eingreifen konnte, war alles dem Erdboden gleichgemacht.

Kaiser Karl VI. war über den Vorfall äußerst empört und verlangte, dass der Bürgermeister in Begleitung von zwei Senatoren und zwei Oberalten nach Wien kommen und auf den Knien in Gegenwart des ganzen kaiserlichen Hofes Abbitte leisten solle. Außerdem sollte die Stadt das Gesandtschaftsgebäude wiederaufbauen und darüber hinaus ein Sühnegeld von 200.000 Talern zahlen. Nach jahrelangen Verhandlungen wurde das Sühnegeld auf 200.000 Gulden (etwa 1/3 der ursprünglichen Forderung) herabgesetzt. Inzwischen war Bürgermeister Matfeld vor Kummer über die Schmach verstorben. Dann reiste Bürgermeister Sillem nach Wien. Der Kaiser erklärte sich schließlich nach Fürsprache durch den Prinzen Eugen bereit, dass der Bürgermeister und seine Begleiter die Abbitte am 27. Juni 1721 im kaiserlichen Gartenhaus ohne Anwesenheit des Hofes und ohne Kniefall leisten durften.

Das Haus am Krayenkamp wurde nicht wieder aufgebaut. Es ergab sich nämlich, dass das erst 1710 am Neuen Wall erbaute Görtzsche Palais zum Verkauf stand. Der frühere Bauherr und Eigentümer war in schwedischen Diensten zum allmächtigen Günstling von König Karl XII. avanciert und von diesem in den Grafenstand erhoben worden. Am 13. März 1719 hatten ihn jedoch seine Widersacher ohne Gerichtsverfahren kurzerhand enthauptet, nachdem der König auf einem Feldzug gegen Norwegen gefallen war. Der Rat kaufte das Haus und stellte es der Kaiserlichen Gesandtschaft zur Verfügung.

Im Görtzschen Palais wurde eine Kapelle eingebaut, in der die in Hamburg lebenden Katholiken ihre Gottesdienste feierten. Seit März 1811 durften sie dann auf Befehl der französischen Besatzungsmacht dafür die kleine St. Michaeliskirche benutzen. Nach Abzug der Besatzung kaufte die Stadt die Kirche und überließ sie der katholischen Gemeinde.

Haupt-
pastor
D. Friedrich
Wagner

Eine Hauptpastorenwahl an St. Michaelis und der König von Preußen

D. Adolph Wilhelm von Gohren, nach Georg Haccius, Johann Winckler und Peter Theodor Seelmann der vierte Hauptpastor von St. Michaelis, hatte sich so furchtbar über einen Schullehrer geärgert, daß er am 24. Juli 1734 – nicht einmal zwei Jahre nach seiner Einführung – an den Folgen dieses Verdrusses starb. So musste man sich schon wieder nach einem geeigneten Nachfolger umsehen.

Ein Vorschlag kam von Senator Barthold Heinrich Brockes. Der war in Berlin gewesen, hatte dort den Propsten Dr. Johann Gustav Reinbeck predigen hören und war von dessen Predigt hellauf begeistert. Reinbeck war damals ein sehr bekannter und beliebter Prediger und man erzählt sich, dass selbst König Friedrich Wilhelm I.,

der bekannte „Soldatenkönig", nur sehr selten eine Predigt Reinbecks versäumt haben soll, wenn er sich in Berlin aufhielt.

Senator Brockes und seine Freunde schafften es, daß Reinbeck am 30. Juni 1735 auf den engeren Wahlaufsatz des Rates gebracht wurde. Am 26. August 1735 erklärte sich schließlich auch die Geistlichkeit mit der Aufstellung Reinbecks einverstanden. Senator Widow bat seinen Schwager, den Syndikus Lipstorp, der damals Hamburgischer Gesandter in Berlin war, daß er doch alle möglichen Hindernisse in Berlin aus dem Weg räumen möge. Gott möge nun den Sinn des Königs lenken, dass er Reinbeck aus seinem dortigen Amt entlasse. „Ich glaube, die Juraten unserer Kirche wären zu disponieren, dem König auf den Notfall einen großen Kerl zu präsentieren", notfalls also den bedeutenden Theologen gegen einen „langen Kerl" einzutauschen.

Am 11. September 1735 wurde Reinbeck einstimmig gewählt mit dem Wunsche „Gott wolle Seiner Majestät in Preußen Herz zu dessen Erlangung neigen!"
Sofort sandte man eine Stafette mit einem von Senator Widow verfaßtem Schreiben des Rates nach Berlin, in dem besonders darauf hingewiesen wurde, wie notwendig ein Theologe wie Reinbeck für Hamburg sei und wie die Sache des Protestantismus dadurch gewinnen könne.

Doch der König hielt es nicht einmal für nötig, auf den Brief der Hamburger zu antworten. Als sich Reinbeck dann selbst bei dem Hofprediger Jarriges erkundigte, wie der König das Schreiben der Hamburger aufgenommen habe, sandte ihm Jarriges einen kleinen Zettel, auf dem von des Königs

Hand nur die Worte standen: *„Plat plat, absoluthe abgeschlagen. F. W. "* Wie es heißt, soll der König schließlich gedroht haben, den Gesandten Hamburgs aus der Stadt zu jagen, falls dieser die Sache weiter verfolge. So war die ganze Mühe umsonst. Reinbeck schlug schließlich seinen Freund, den Konsistorialrat und Professor Friedrich Wagner in Stargard als neuen Hauptpastor für St. Michaelis vor, der dann auch am 19. Februar 1736 einstimmig gewählt wurde. Doch der König zögerte lange, bis er seinen Theologen schließlich nach Hamburg gehen ließ. Er schrieb sehr unwillig: *„Was haben die Hamburger um meine braven Prediger zu werben? Sie wollen ja nicht leiden, einen Lumpenkerl zu werben und wollen meine besten Stützen aus dem Lande debouchiren! Ist nicht Manier! F. W. "*

Hauptpastor D. Friedrich Wagner mußte später erleben, wie seine schöne Kirche am 10. März 1750 durch Blitzschlag völlig zerstört wurde.

Bekanntmachung.

Für die Benutzung der nicht vermietheten Plätze wird kein Geld mehr erhoben; die Büchsensammlungen in der Kirche sind abgeschafft. Die Kirchenbesucher werden gebeten, die für die Kirche bestimmten Gaben in die a u s g e s t e l l t e n B e c k e n beim Eingange oder Ausgange aus der Kirche zu legen.

Wer einen festen Platz zu miethen wünscht, wolle sich an den Kirchenbeamten, Engl. Planke No. 2, wenden.

Hamburg, März 1874.

Der Gemeinde-Vorstand
zu St. Michaelis.

Kirchenplätze

Am 13. November 1917 berichtete *„Peter von de Woterkant"* in seiner in der Neuen Hamburger Zeitung erschienenen plattdeutschen Kolumne *„Kiekut an de Woterkant"* von einem Gespräch mit einem Fronturlauber, den er gefragt hatte, ob er auch in die Kirche gehe. Zeit dazu habe er ja. Der Soldat erwiderte: Ja, Zeit habe er zwar, *„man keenen Fiduz"*. Er gehe in keine Kirche mehr, seitdem ihn die *„Stohlsetterschen"* (Stuhlsetzerinnen) im August 1914 aus dem großen Michel *„rutgruhlt hebbt"*.
Er habe damals den Einberufungsbefehl erhalten und den Wunsch gehabt, vor dem Einrücken noch einmal in die Kirche zu gehen und eine Predigt zu hören. Also zog er seinen Sonntagsanzug an und machte sich auf den Weg zum großen Michel, wo er schon fast eine halbe Stunde vor Beginn des Gottesdienstes eintraf.

In der Kirche war noch reichlich Platz und er setzte sich irgendwo hin. *„Puttputtputt kummt een Stohlsettersch an: Hier dürfen Sie nicht sitzen, Herr, hier ist vermietet."* Er ging ein paar Schritte weiter und setzte sich woanders hin. Wieder machte ihn eine Frau darauf aufmerksam, dass er auch hier nicht sitzen dürfe, weil die Plätze vermietet seien. Als auch der dritte Versuch, einen Platz zu bekommen, gescheitert war, sei seine Andacht

„to'n Deubel" gewesen und er habe fluchtartig die Kirche verlassen.

Mich hat diese Geschichte etwas überrascht, weil ich der Meinung war, dass es in der nach dem Brand von 1906 neu aufgebauten Kirche keine vermieteten Plätze mehr gegeben hat. Vielleicht handelte es sich hier jedoch um einen besonderen Gottesdienst, für den ausnahmsweise für angemeldete Besucher Plätze reserviert waren. Früher war es aber durchaus üblich, in der Kirche einen festen Platz zu mieten. So waren nach einem Bericht von Pastor Bertheau an den „Hochwohlgeborenen Herrn Senator Dr. Lappenberg als Ersten Kirchspielherrn zu St. Michaelis" vom 23. August 1897 damals 310 Plätze und 1 Loge mit 12 Plätzen vermietet. Außerdem waren für die „Mitglieder des hohen Patronats" 11 Plätze, für den Kirchenvorstand 33 Plätze, für die Geistlichen 6 Plätze und für die „Beamten der Kirche und andere Berechtigte" 27 Plätze reserviert.

Nach einem Kirchenvorstandsbeschluß vom 24. Februar 1894 wurden die vermieteten Plätze mit „Beginn des 2. Verses vom Hauptgesang vor der Predigt" zur allgemeinen Benutzung freigegeben.

Beim Bau der ersten großen St. Michaeliskirche hatte man schon 3 Jahre vor der Einweihung mit dem Verkauf der Sitzplätze begonnen und bis dahin etwa 25.000 Mark Courant eingenommen, die zur Finanzierung des Baus verwendet wurden. Neben dem Kaufpreis mußte jährlich eine Grundmiete gezahlt werden, so dass die Gemeinde aus der Vergabe der Sitzplätze eine regelmäßige Einnahme hatte.

Für die Verwaltung war der „Kirchenvogt" zuständig, der auch an den Einnahmen beteiligt war. Allerdings mußte er davon noch einen Teil an 2 „Untervögte" und einige „Stuhlsetzerinnen" abgeben. Insgesamt mußten davon also etwa 10 Personen leben. Es gab auch immer wieder Streit unter den Beteiligten um die begehrten Anteile. Als 1757 nach längerer Zeit die Betreuung der Plätze in der neu gebauten kleinen Michaeliskirche vergeben wurden, sollen sich die Bewerber sogar um die Anteile geprügelt haben.

Am 17. November 1760 wurde protokolliert, dass „die Herren Professores unseres Gymnasiasii" wie in den anderen 4 Hauptkirchen zwei gute Plätze „auf dem Sing Chor vor der Orgel" erhalten. Ein umfangreiches Protokoll von 1762 befaßt sich mit dem „Capitains Gestühl" in dem 12 Plätze für die „Herren Bürger Capitaines des wohlöbl: Michaelitischen Regiments" vergeben wurden und am 23. März 1784 faßte die „Löbl. Beede" (Beede nennt sich noch heute der Verwaltungsausschuß des Kirchenvorstandes) einen Beschluß über einen „Hauptpastoren Wittwen Kirchenplatz".

Bei der Vergabe der Plätze wurden die Bedingungen dafür ausführlich protokolliert. So wurde z.B. am 4. Dezember 1806 der erst 6 Jahre alten Henriette Neumann eine „Frauens Städte" gegen eine jährlich zu Johannis zu zahlende Gebühr überlassen. „Diese Städte mag von keiner Manns Persohn betreten, noch von Niemand als der Kirche verkauft... werden..." lesen wir u.a. in dem in alter deutscher Schrift verfaßten Protokoll, wo auch jedes Jahr bis 1841 der Eingang der Zahlung vermerkt wurde. Streng wurde darauf geachtet, dass die vermieteten Plätze nur von den dafür Berechtigten genutzt wurden.

Im Pfingstgottesdienst 2011 erhielt die Hauptkirche St. Michaelis eine neue Figur des Erzengels Michael. Sie ist etwa 1,5o m groß und stammt vermutlich aus der zweiten Hälfte des 17. Jahrhunderts. Sie ist sehr fein gearbeitet und gehörte bisher zum Bestand des Ernst-Barlach-Hauses. Die Reemtsma-Stiftung hat sie 2009 der Gemeinde geschenkt. Danach wurde sie in der Denkmalwerkstatt von St. Jacobi restauriert. Der ehemalige Präsident der Bürgerschaft und Chef von Studio Hamburg Martin Willich hat den größten Teil der Kosten dafür getragen

So mußte z. B. 1677 Maria Brandenburg zur Strafe 100 Mark Courant und 1679 Margarethe Burs 36 Mark Courant „Poengeld" zahlen, weil sie den Platz ihrer verstorbenen Mutter benutzt hatten ohne zuvor die fällige Grundmiete und die einmalige Entschädigung für die Weiterbenutzung entrichtet zu haben.

Offenbar mußte man früher sogar für nicht vermietete Plätze zahlen, denn in einer Bekanntmachung vom März 1874 heißt es: *„Für die Benutzung der nicht vermietheten Plätze wird kein Geld mehr erhoben... Wer einen festen Platz zu miethen wünscht, wolle sich an den Kirchenbeamten, Engl. Planke No. 2, wenden."* Freuen wir uns, daß wir heute für einen Sitzplatz im Gottesdienst nicht mehr zahlen müssen.

Gustav Mahler begann seine musikalische Ausbildung schon mit vier Jahren, zuerst am Akkordeon, dann am Klavier. Mit sechs Jahren gab er schon selbst Musikunterricht und komponierte seine ersten Stücke.

Bereits mit zehn Jahren trat er als Pianist auf. Mit fünfzehn Jahren folgte er dann einem Ruf ans Konservatorium nach Wien. 1880 ging er als Kapellmeister nach Bad Hall. Es folgten mehrere Stellen in verschiedenen Städten, bis Mahler 1891 zum Kapellmeister am Stadttheater in Hamburg berufen wurde.

Dazu war es so gekommen: Mahler gehörte damals schon zu den meist anerkannten Dirigenten Europas. Er trat in allen großen Städten als Gastdirigent auf. Bei einem dieser Auftritte lernte er in Hamburg auch Hans Guido Freiherr von Bülow kennen, der hier als Pianist und Gastdirigent tätig war. Bei einem der letzten Abonnementskonzerte in Hamburg erlitt von Bülow einen Schwächeanfall und musste am Dirigentenpult vertreten werden. Als wenig später ein anderer Dirigent zur Fortführung der Abonnementsreihe verpflichtet werden musste, übernahm Gustav Mahler diese Aufgabe.

Mit der Komposition seiner zweiten Sinfonie kam Mahler jahrelang nicht voran. Einmal spielte er Hans von Bülow auf dem Klavier vor, wie er sich den Beginn seiner zweiten Symphonie dachte. „Wenn das noch Musik ist, dann verstehe ich überhaupt nichts von Musik", soll der berühmte Dirigent verwirrt gerufen haben.

Gustav Mahler, Hamburg und der Michel

Gustav Mahler wurde am 7. Juli 1860 in Kalischt (Böhmen) als Sohn eines jüdischen Weinbrenners und Gastwirts geboren. 1865 verkauften die Eltern den Betrieb und zogen in die mährische Stadt Iglau, wo Mahler den größten Teil seiner Kindheit verbrachte. Hier musste er mit ansehen, wie sein Vater die Mutter so schlug, dass sie eine Gehbehinderung davon trug. Von seinen dreizehn Geschwistern starben sechs schon sehr früh. Seine Schwester Justine führte ihm viele Jahre den Haushalt.

Der Frust über das Unverständnis seines Idols saß tief bei Mahler, doch er gab nicht auf.

Die entscheidende Inspiration für die Fortsetzung seiner zweiten Symphonie erhielt der junge Kapellmeister des Hamburger Stadttheaters ausgerechnet beim feierlichen Trauergottesdienst für von Bülow im Michel am 29. März 1894. Inspiriert durch den Klopstock-Text eines Chorals schrieb Mahler danach den großen Schlusssatz seiner Zweiten, die den Beinamen „Auferstehungssinfonie" erhielt.

„Ich trug mich damals lange Zeit schon mit dem Gedanken, zum letzten Satz den Chor herbeizuziehen und nur die Sorge, man möchte dies als äußerliche Nachahmung Beethovens empfinden, ließ mich immer wieder zögern! - Zu dieser Zeit starb Bülow und ich wohnte seiner Trauerfeier hier bei. Die Stimmung, in der ich da saß und des Heimgegangenen gedachte, war so recht im Geiste des Werkes, das ich damals mit mir herumtrug. – Da intonierte der Chor von der Orgel den Klopstock-Choral „Auferstehn"! – Wie ein Blitz traf mich dies und alles stand ganz klar und deutlich vor meiner Seele! Auf diesen Blitz wartet der Schaffende, dies ist die „heilige Empfängnis"! Was ich damals e r l e b t e, hatte ich nun in Tönen zu erschaffen. – Und doch – hätte ich dieses Werk nicht schon in mir getragen – wie hätte ich das erleben können? Saßen doch Tausende mit mir in jenem Momente in der Kirche!"

Am 23. Februar 1897 ließ sich Mahler im Kleinen Michel taufen und ging dann als erster Kapellmeister und Hofoperndirektor nach Wien und ab 1908 an die Metropolitan Opera nach New York, wo er bis zu seinem Tod blieb. Er starb am 18. Mai 1911.

In der Turmhalle des Michels ist rechts vor dem Eingang zur Kirche eine Gedenkplatte für den großen Komponisten angebracht mit der Inschrift:

Am 29. März 1894 empfing Gustav Mahler in dieser Kirche die Eingebung zum Text des Finales der zweiten Symphonie als der Knabenchor bei der Trauerfeier für den Dirigenten Hans von Bülow den Klopstock-Choral *„Auferstehen"* intonierte. *„Sterben werd' ich um zu leben"*, ist die Botschaft von Mahlers Auferstehungssymphonie.

IOANNES MATTHESON
Celsitudinis Imperialis Magni Russiæ Princip.
Supromi Holsatiæ Ducis.
Legationum Consiliarius.
æt.
natt. Hamburg d. 28. Sept. A. 1681.

Johann Mattheson

Im Alter war es Mattheson, der selbst ein begabter Komponist, Musiker, Dirigent und Orgelspieler war, wegen seiner mehr und mehr zunehmenden Taubheit nicht mehr vergönnt, selbst musikalische Darbietungen zu genießen.
Als er am 8. Februar 1753 nach fast 44jähriger glücklicher Ehe seine geliebte Frau verlor, fasste er den Entschluss, der St. Michaeliskirche für den Bau eines möglichst vollkommenen Orgelwerkes 40.000 Mark Courant zu schenken. Später

erhöhte er die Schenkung noch einmal um 3.000 Mark Courant. Damit waren die vorgesehenen Mittel für die Orgel beisammen. Als sich später herausstellte, dass die tatsächlichen Kosten höher waren, gab er noch den Rest dazu und schenkte darüber hinaus noch ein Glockenspiel mit 35 Glocken. Bald danach ereilte ihn am 17. April 1764 der Tod. So konnte er seine Orgel, von der erst drei Jahre später zunächst das Hauptwerk und Pedal fertiggestellt waren, nicht mehr hören. Zur Trauerfeier läuteten zweieinhalb Stunden lang alle Glocken der Stadt. Wegen des großen Andrangs war der Zutritt zur Trauerfeier in der Kirche nur gegen Vorlage einer besonderen Einladung gestattet. Unter Leitung von Georg Philipp Telemann erklang das von Mattheson komponierte „fröhliche Sterbelied" und ein kleines Oratorium. Beigesetzt wurde er auf seinen ausdrücklichen Wunsch im Gruftgewölbe genau unter der Kanzel. Wegen seiner großzügigen Spenden überließ ihm die Gemeinde das Grab nicht, wie sonst üblich, auf eine bestimmte Zeit von Jahren, sondern „auf ewige Zeiten".

Die von Johann Gottfried Hildebrand gebaute Orgel galt lange Zeit als eine der vollkommensten und besten Orgel Deutschlands. Sie wurde beim Brand der Kirche am 3. Juli 1906 ein Raub der Flammen. Mattheson, der am 28. September 1681 geboren wurde, war der wichtigste Musiktheoretiker der Aufklärung. 40 Jahre stand er im Dienst der englischen Gesandtschaften. Seit 1741 war er Legationsrat des Herzogs Peter Ulrich von Holstein, dem späteren Zar Peter III. von Russland.

In jungen Jahren war Mattheson auch Schauspieler, Komponist und Dirigent an der Oper in Hamburg. Sein junger Freund Georg Friedrich Händel war seit 1703 ebenfalls an der Oper tätig, zunächst im Orchester als Violinist, dann als „Maestro al Cembalo". Anlässlich einer Aufführung der dritten Oper Matthesons „Cleopatra" kam es am 5. Dezember 1705 zum Streit zwischen den beiden.

Mattheson hatte als Schauspieler die Rolle des Antonius übernommen. Nach seinem Bühnentod wollte der Komponist der Oper den Rest der Aufführung vom Cembalo aus selbst leiten, aber Händel ließ ihn nicht ans Cembalo. Es kam zum heftigen Wortgefecht und schon bald standen sich beide auf dem Gänsemarkt im Duell gegenüber. Als Mattheson den entscheidenden Stoß ausführte, zersprang sein Degen an einem breiten Metallknopf am Rock Händels. Dieser Knopf rettete Händel das Leben.

Die Freunde haben sich bald wieder versöhnt. Wäre aber der Knopf nicht gewesen, hätte Händel sein berühmtes „Halleluja" nie komponieren können.

Mattheson und Händel bewarben sich 1703 um die Nachfolge von Dietrich Buxtehude als Organist an St. Marien in Lübeck. Beide verzichteten aber dann auf den Posten, als sie erfuhren, dass eine der Bedingungen für den Amtsantritt war, die Tochter Buxtehudes zu heiraten.

Nach Hamburg zurückgekehrt wurde Mattheson 1704 Hofmeister und später auch Sekretär des englischen Gesandten. 1709 heiratete er die englische Pastorentochter Catharina Jennings. Im Jahre 1715 wurde Mattheson dann Musikdirektor am Hamburger Dom. Er musste diesen Posten dann aber 1728 aufgeben, weil sein Gehör stark nachließ. Später war er bis an sein Lebensende taub.

Schwester Bertha Keyser

Schwester
Bertha
Keyser

Schwester Bertha Keyser wurde am 24. Juni 1868 im Landkreis Ebern in Franken geboren. Sie kam nach schwierigen Jahren im Ausland, wo sie als Erzieherin, als Reisebegleiterin und schließlich im sozialen Bereich tätig war, im Jahre 1913 nach Hamburg.

Fortan verstand sie sich als „Missionarin der Armen", was in den folgenden fünfzig Jahren in tätiger Nächstenliebe seinen Ausdruck fand. Beispielhaft bemühte sich Schwester Bertha Keyser um die „Sperlinge Gottes" – so nannte sie selbst ihre Schutzbefohlenen – „weil die Spatzen bei den Menschen nicht sehr geachtet sind und doch behütet sie der Herr und läßt keinen in den Schmutz der Straße fallen, der ihn um Hilfe bittet". In den Zwanziger Jahren zog Schwester Bertha Keyser mit drei Feldküchen durch die Straßen. Die erste dieser „Gulaschkanonen" stand vor der St. Michaeliskirche.

Die St. Michaelisgemeinde unterstützte die Arbeit des „Engels von St. Pauli" nach Kräften. Täglich gab Schwester Bertha Keyser 600 Portionen Essen an Bedürftige ab. Für Obdachlose richtete sie Unterkünfte ein. Sie bettelte bei den Reichen um Geld und sorgte aufopferungsvoll für die Ärmsten der Armen.

Im Zweiten Weltkrieg, selbst ausgebomt und ohne Heimat, gab sie ihr Engagement nicht auf, sondern organisierte weiterhin Lebensmittel in den Ruinen und Kellern der zerstörten Stadt für ihre „Sperlinge". Schließlich kochte sie in einer kleinen Ladenwohnung im Bäckerbreitergang 7 für die Hungernden. In der kleinen Bleibe sammelte sie Einsame, Hoffnungslose, Gestrauchelte und Obdachlose, speiste sie, betete mit ihnen und spendete ihnen Trost. Die Patriotische Gesellschaft hat hier im Jahre 1986 eine Gedenkplatte anbringen lassen.

Als Schwester Bertha Keyser im Jahre 1964 starb, trauerten viele um die „Mutter der Obdachlosen" oder „Engel von St. Pauli", wie sie von den Menschen genannt wurde. Da saßen Diplomaten, Behördenvertreter und Firmenchefs gemeinsam mit den Armen und Elenden, denen Schwester Bertha Keyser ihr Leben gewidmet hatte in Halle B des Ohlsdorfer Friedhofs. Ein langer Zug folgte dem Sarg zu ihrer letzten Ruhestätte.

An ihrem 25. Todestag, dem 21. Dezember 1989 wurde mit der Übergabe des Gemäldes „Bertha Keyser" durch den Porträtisten Hans Petersen an die Ausstellung MICHAELITICA im Gruftgewölbe der Kirche dem Wirken dieser Frau in besonderer Weise gedacht. Das Bild zeigt Schwester Bertha Keyser inmitten Ihrer „Sperlinge" und die Stätten ihrer Arbeit: den Michel und im Hintergrund die Reeperbahn.

Das Gemälde gehört zu einer Reihe von Werken des Malers, mit denen er Persönlichkeiten ehren wollte, die im sozialen Bereich durch eigene Initiative Bedeutendes geleistet haben.

Der
Gotteskasten,
von Ernst Georg
Sonnin gestiftet

Der Gotteskasten

Vor der Kanzel steht der Gotteskasten. Er wurde 1763 von Ernst Georg Sonnin gestiftet und ist – neben dem Taufstein – das einzige Kunstwerk, das beim Brand 1906 gerettet wurde.

Im Jahre 1527 wurden in allen vier Hauptkirchen Gotteskästen aufgestellt, in die alles Geld fließen sollte, das für eine geregelte Armenpflege und Liebestätigkeit gespendet wurde. Für ihre Verwaltung wählte man in jedem Kirchspiel angesehene Bürger (Spitzname *„Kastenlüde"* oder *„Kistenlüde"*) an ihrer Spitze jeweils drei „Oberalte".

Die 12 Oberalten und aus jeder Gemeinde noch 9 Diakone bildeten zusammen das „Kollegium der Vorsteher" oder die „48er". Diese und aus jedem Kirchspiel noch 24 weitere Bürger bildeten schließlich das „Kollegium der Verordneten Bürger" bzw. die „144er". Der Rat (24 Ratsherren) übte die voll-

ziehende und richterliche Gewalt in der Stadt aus, konnte aber ohne Zustimmung der „Verordneten Bürger" keine Gesetze erlassen.

Die Kirchspiele waren gleichzeitig die Verwaltungsbezirke der Stadt. Nachdem St. Michaelis fünfte Hauptkirche geworden war, wurden aus den Kollegien die „60er" bzw. „180er". Mit dem Inkrafttreten der Verfassung vom 28. September 1860 endete die Beteiligung der kirchlichen Gremien an der weltlichen Verwaltung der Stadt.

Das „Kollegium der Oberalten" gibt es aber noch heute. Es verwaltet das seit 1227 bestehende Hospital zum Heiligen Geist, zu dem auch das Oberalten-Stift, die Stiftung Maria-Magdalenen-Kloster und die Stiftung Altendank gehören. Mit fast 1.500 Bewohnerinnen und Bewohnern, die von über 500 Mitarbeitern betreut werden, ist das Hospital heute die älteste Stiftung und größte diakonische Einrichtung für ältere Menschen in Hamburg. Die in den Gotteskasten eingeworfenen Spenden werden auch heute noch für diakonische Zwecke verwandt.

Beneke, H. F. Dr.: Erinnerungen an die große
St. Michaeliskirche in Hamburg, Hamburg 1906

Buek, F. Georg : Die Hamburger Oberalten,
Hamburg 1857

Faulwasser, Julius: Die St. Michaeliskirche in
Hamburg, Hamburg 1901

Festschrift zur Einweihung der neuerstandenen
großen St. Michaeliskirche, Hrsg. v. Pfarramt,
Hamburg 1912

Geffcken, Dr. Johannes: Die große St. Michaeliskirche in Hamburg, Hamburg 1862

Haas, Diether: Der Turm, Hamburgs Michel,
Gestalt und Geschichte, Hamburg 1986

Heckmann, Hermann: Sonnin, Baumeister des
Rationalismus in Norddeutschland, Hamburg 1977

Höck, J. H.: Bilder aus der Geschichte der
Hamburgischen Kirche, Hamburg 1900

Lutter, Horst: Die St. Michaeliskirche in
Hamburg, Hamburg 1966

Michelgeschichten, Hrsg. Hauptkirche
St. Michaelis, Hamburg 1992

Obst, Dr. Arthur: Aus Hamburgs Lehrjahren,
Hamburg

Pabel, Reinhold: Der Kleine und der Große
Hamburger Michel, Hamburg 1986
Reimers, Pastor R.: Sankt Michaelis 1604-1904,
Hamburg 1904

Reinke, Johannes Theodor:
Lebensbeschreibung des ehrenwerthen Ernst
Georg Sonnin, Baumeisters und Gelehrten in
Hamburg, Hamburg 1824

Sankt Michaelis zu Hamburg 1762-1962,
Hrsg. v. Kirchenvorstand der Hauptkirche
St. Michaelis, Hamburg 1962

Schöffel, D. Simon und Timm, Marianne:
Aus der Kirchengeschichte Hamburgs, Göttingen

Schütt, Ernst Christian: Chronik Hamburg,
Gütersloh/München 1991

Verg, Erik: das Abenteuer, das Hamburg heißt,
Hamburg 1977

Wortmann: Eine chronologische Zusammen-
stellung die Kirche und das Kirchspiel zu
St. Michaelis betreffend, Hamburg 1809

Adelungk, Wolfgang Heinrich:
Kurtze Historische Beschreibung Der Uhr-Alten
Käyserlichen und des Heil. Römischen Reichs
Freyen An-See-Kauff- und Handels-Stadt Ham-
burg, Hamburg 1696